JN048907

24H

BANGKOK guide

Perfect trip for beginners & repeaters.

Hellow, Bangkok

パワーみなぎる、あの街へ

国際都市として目覚ましい発展のさなかにあり、
高層ビルやハイエンドなホテルが林立するバンコク。
その一方で、老若男女が祈りを捧げる仏教寺院や、
市井の生活を色濃く反映するローカルな市場など、
古きよきタイのカルチャーを表した場所が数多く残されています。
バンコクは、そんなギャップが楽しい街。
さらにタイ料理だけでなく世界の美食を味わえるグルメシーンの
多彩さ、タイマッサージに代表される独自のウェルネス体験など、
旅の楽しみはつきることがありません。
この本では、バンコクの魅惑の体験の数々を、最適な時間帯と共に
紹介しています。初めての人にとってもリピーターにとっても、
この本が充実した旅の一助になればうれしいです。

lamar（ラマル）

24H BANGKOK *guide* CONTENTS

Morning (08:00 - 10:00)

Mid-Day (11:00 - 14:00)

Afternoon (15:00 - 17:00)

SHORT TRIP

THE HOTEL GUIDE

本誌をご利用になる前に

データの見方

☎=電話番号　🏠=所在地
🕘=営業時間・見学時間　時期により異なる場合がありますのでご注意ください。なお記載より早い場合や遅い場合もありますのでご注意ください。ホテルではチェックイン・チェックアウト時間を記載しています。
🔒=定休日　原則として祝日と年末年始を除いた定休日を表示しています。
㊕=料金　入場や施設利用に料金が必要な場合、大人1名料金を表示。ホテルの宿泊料金は原則、1室あたりの室料を記載しています。別途サービス料などがかかる場合もあります。季節などにより料金は変動しますのでご注意ください。
㊫=客室数
🚗=交通アクセス　拠点となる場所からの所要時間の目安を表示しています。
MAP P.000 A-0　地図での位置を表示しています。
カード　クレジットカードでの支払いが可能です。
英語 日本語　英語または日本語が話せるスタッフがいます。

★本誌に掲載したデータは2023年7月時点のものです。
★本誌出版後に内容が変更される場合がありますので、ご利用の際は必ず事前にご確認ください。
★商品の価格や料金は消費税込みの金額を表示しています。

Night (18:00 - 21:00)

Mid-Night (22:00 - 24:00)

サワディーカー

สวัสดีค่ะ! BANGKOK

街ぜーんぶがパワースポット！

敬虔な仏教徒が多いタイの首都・バンコクには400を超える寺院があります。
急発展中の中心部はエネルギーにあふれ、まさに街全体がパワースポット！
のんびりとおおらかな人々が、訪れる人を温かく迎えてくれます。

タイってこんな国

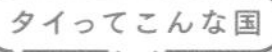

タイ王国 Kingdom of Thailand

- 人口：約6609万人（2022年時点）
- 面積：約51万4000㎢（日本の約1.4倍）
- 首都：バンコク
- 宗教：仏教約94%、イスラム教約5%

物価の目安

- コンビニのミネラルウォーター→約10B（約40円）
- 屋台のコーヒー→約20B（約80円）
- 食堂のカオマンガイ→約50B（約200円）
- タイマッサージ（30分）→約150B（約600円）
- BTS（電車）の1日乗車券→150B（600円）
- タクシー初乗り→35B（140円）

公用語

タイ語

旅行者の多いホテルやレストラン、ショッピングセンターでは英語が通じます。ローカル食堂や屋台はタイ語のみのところが多いです。

時差

−2時間

日本との時差は2時間なので、時差ボケの心配はなし。サマータイムを導入していないので、一年中時差は同じです。

フライト時間

日本→バンコク

約6時間

羽田・成田・関空・福岡・名古屋などからスワンナプーム空港への直行便が運航しています。

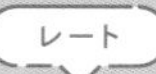

レート

（2023年7月時点）

1B（バーツ）＝約4円

タイの通貨はバーツ(B)。貨幣価値や物価は国の発展に伴い上昇しています。市場やローカル店の物価は日本より安いのが魅力。

HELLO! BANGKOK

Grand Palace

バンコク一の観光スポット、
王宮とワット・
プラケオがある旧市街。

Siam

大型ショッピング
センターが集まる、
お買い物が楽しいエリア。

BTSスクンビット線

MRTブルーライン

サイアム駅

サムヨート駅

ワットマンコン駅

スクンビット駅

アソーク駅

シーロム駅

China Town

漢字のネオンサインが
レトロな中華街。
夜は屋台がたくさん!

Sukhumvit

カフェやショップ、ホテルなど、
バンコクの"最旬"が集まる
エリア。

BTSシーロム線

Si Lom

オフィス街ですが、
話題のレストランや
ルーフトップバーも多数。

Chao Phraya River

バンコク市内を
流れる大きな河川。
ボートで移動が楽しい♪

週末を利用して3泊4日で！

4DAYS PERFECT PLANNING

深夜便を利用すれば、帰国ギリギリまで遊べちゃう。

PLANNING:

DAY1

バンコクに到着したら、今話題のホテルにステイして、シティリゾートを満喫♪

羽田空港からバンコクのスワンナプーム空港までは約6時間30分。到着したらお目当てのホテルにチェックインして、お待ちかねのタイ料理ディナーへ！

15:00 バンコクに到着！

16:00 バンコクの最新ホテルステイ P▶150

18:00 ディナーはミシュランの名店で決まり！ P▶116

21:00 ルーフトップバーの夜景にうっとり P▶142

ザ・スタンダード・バンコク・マハナコーンは今最も旬なデザインホテル

窓からアユタヤの仏教寺院ワット・ラチャブラナを望むブッサバー・カフェ＆ベイク・ラボ

PLANNING:

DAY 2

バンコクから約90分！古都アユタヤへショートトリップ

アユタヤはバンコクから日帰り可能。世界遺産の寺院をめぐります。午後はバンコクに戻ってカフェでひと休み。夜はローカル料理ディナーを楽しんで。

8:30 バンコクを出発

10:00 アユタヤ駅に到着

10:30 ボートヌードルで腹ごしらえ P▶100

11:30 世界遺産の寺院めぐり P▶101

18:00 フローラルカフェ P▶070

20:00 タイ料理ディナー P▶120,122

バンコクのフローラル・カフェ・アット・ナパソーン

チャオプラヤー川沿いにあるワット・アルン

PLANNING:

DAY3

パワースポットめぐり&ショッピングな1日♪

３日目は朝から仏教寺院をハシゴしてパワーチャージ。午後は巨大マーケットのチャトゥチャック市場、夜はナイトマーケットでお買い物を満喫します。

9:00 ギラギラ&ピカピカな寺院をハシゴする P▶018

11:00 どっちを選ぶ? パッタイvsカオマンガイ! P▶038

14:00 土日限定のチャトゥチャック市場が楽しすぎる! P▶056

18:00 トムヤムクンLOVERはまずココ行って! P▶124

22:00 ナイトマーケットは絶対JODD FAIRSがおすすめ♡ P▶140

メム・トム・ヤム・クンはローカル感も魅力

人気店ピー・オーで本場の味を体験

タラートノーイのシチズン・ティー・キャンティーン・オブ・ノーウェア

PLANNING:

DAY4

最終日も夜まで遊ぶ！最旬スポットのタラートノーイへ♡

かわいいカフェが多いと話題のエリア、タラートノーイをチェック。帰国前に一軒家スパで旅の疲れを癒します。身も心も整えたら、夜便で日本に帰国！

8:00 ワット・パークナムでパワーチャージする！ P▶014

12:00 本当に使えるフードコート&屋台街3 P▶046

15:00 タラートノーイのおしゃれカフェをはしご！ P▶066

16:00 唯一無二の体験は洗練の一軒家スパで！ P▶086

19:00 空港に向かって出発！ 夜便で日本へ

空間も素敵なザ・オアシス・スパ スクンビット31店

ホテルの朝ごはんもいいけれど、せっかくならローカルフードを楽しみたい。ロン・トウ・カフェ（P.22）でお粥と中華総菜のセットを

BANGKOK THE BEST TIME

IN THE

Morning

08:00 - 10:00

バンコクの人々は早起きです。市場や屋台は早いところで6時頃から、寺院の拝観は8時頃からスタートします。午後は気温が高いので、地元の人たちにならって、まだ涼しい朝のうちから活動を始めてみてはいかがでしょうか。

BEST TIME
8:00

まずは旅の気分を上げてくれるパワースポットへ

神秘的なワット・パークナムでパワーチャージする！

IN THE MORNING (08:00-10:00)

バンコク屈指の美しい寺院で息をのむ！

タイを訪れた観光客が、一度は必ず見物するであろう寺院。観光スポットとして人気を集める最大の理由は、何と言ってもきらびやかさではないでしょうか。まぶしいほどにギラギラと輝くタイの寺院は、日本のものとは全くの別物。豪華絢爛なしつらいはフォトジェニックかつ、見ているだけで元気がみなぎり、私にとってのパワースポットでもあります。バンコクには数多くの美しい寺院が存在しますが、ワット・パークナムは別格！ 仏塔の最上階に着くなり、エメラルドグリーンに輝くガラスの仏塔と天井画のインパクトに言葉を失います。天井のカーブに沿ったグラデーションの効果で、じっと見つめていると、まるで宇宙にいるような感覚に。そんな神秘体験を求めて訪れる人は1日500人とも言われており、人の少ない早朝の訪問がベストです。まずは仏塔の最上階を目指し、降下しながら各フロアの展示物をチェック。次に大仏、本堂の順でめぐるのがおすすめです。

✦✦✦ BTSとMRTどちらの最寄り駅からも同じくらいの距離ですが、車窓から仏像を撮影するならMRT！

見逃せない3スポットはここ!

高さ約70m!
巨大な大仏さまを拝む

2021年に完成した黄金の仏像は、瞑想姿としては世界最大と言われているそう。正面から撮影するなら、MRTの車窓が狙い目!

前僧正ルアンポーソッドを
祀る本堂で参拝

本堂に祀られる前僧正は、坐禅・瞑想の新理論「タンマガーイ式瞑想」を生み出し、タイ仏教の発展に重要な役割を果たした人物。

歴史ある仏像などを
展示する博物館も

仏塔の3階は仏像や仏教関連の貴重な資料、法具などを展示する博物館。かなりの点数があり、見応えたっぷり!

Wat Paknam

ワット・パークナム

正式名称は、ワット・パークナム・パーシーチャルーン。アユタヤ時代に創設された歴史ある王室寺院として知られ、日々、国内外から多くの人が訪れます。

バンコク西部 MAP P.162 D-2
2/300 Ratchamongkhon Prasat Alley 8:00～18:00
無休 ㈱拝観自由 MRTバンパイ駅から徒歩12分

BEST TIME
8:30

涼しい&人が少ない午前中が吉!
ワット・プラケオ&王宮を2hrで制覇

衛兵の行進が見られることも!

まずはワット・プラケオをぐるっと

IN THE MORNING (08:00-10:00)

20 min
エメラルドブッダを祀る
1 本堂
ワット・プラケオの一番の見どころ。ヒスイで造られた仏像は15世紀にもたらされたと伝わっています。堂内は撮影禁止。

タイで最もきらびやかな“エメラルド寺院”!

タイ国内の数ある宮殿の中でも最も権威のある“王宮”。その敷地内には絢爛豪華な寺院が点在し、バンコク一の観光スポットとなっています。

なかでも“エメラルド寺院”の通称で知られるワット・プラケオは、1782年に現在の王朝であるチャクリー王朝が開かれたときに護国寺として建てられたもので、最大の必見スポット! 宮殿や寺院群のほかにミュージアムもあるので、じっくり見学するなら2時間はかかります。朝イチは見学客も少ないのでおすすめ。

Wat Phra Kaew & Grand Palace
ワット・プラケオ&王宮

バンコク屈指の観光名所
白壁に囲まれた約20万㎡の敷地内に、王宮とワット・プラケオが隣り合っています。王宮は現在も王室の重要な祭典などに使用されています。

王宮周辺 MAP P.163 B-2
Na Phra Lan Rd. 8:30～15:30
無休 料入場料500B MRTサナームチャイ駅から徒歩15分 カード

A アマリン・ヴァニチャイ宮殿
10 min
王宮エリアの最初にある宮殿。中国風の彫像が飾られています。内部は非公開で、国家行事の際に使用。

B チャクリー・マハー・プラサート宮殿
10 min
1877年に建設。タイ様式とビクトリア様式が混在する白亜の宮殿。国賓の迎賓館として使用されています。

王宮周辺の見どころはココ

入口で服装チェックがあります。肩やヒザの出る服装はNG。

6 7 8 9 10 11 12 13 14 15 16 17 18 19 20 21 22 23 0

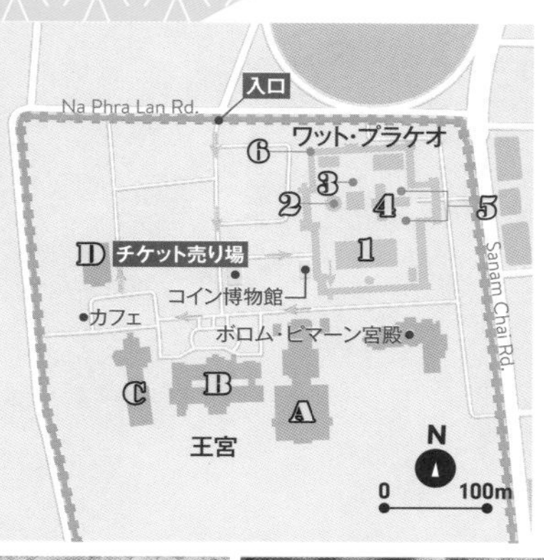

10 min

黄金色に輝く仏塔
2 仏舎利塔

スリランカ様式の仏塔の内部には、ブッダの遺骨が納められていると言います。内部の見学は不可。

お寺の中にカンボジア!?
3 アンコール・ワットの巨大模型

10 min

シャム（現タイ）の支配下にあったクメール（カンボジア）を訪れたラマ4世が、その美しさに感動して造らせたと言われています。

Niceフォトスポット!

10 min

異なる建築様式が混在
4 プラサート・プラ・テーピドーン（王室専用の御堂）

タイ様式の建物にクメール様式の塔がのったお堂。内部は通常非公開で、祝日など年7回のみ特別公開されます。

10 min

寺院内最古と言われる建造物
5 プラ・スワンナ・チェディー（2基の黄金仏塔）

高さ約16mの２基の仏塔。台座には古代インドの叙事詩「ラーマーヤナ」に登場する猿の神と鬼神の像が。

10 min

178枚の壁画が見事
6 回廊の壁画

寺院の外周にある回廊の壁に、「ラーマーヤナ」の物語をタイ風にアレンジした壁画が描かれています。時計回りに鑑賞して。

D ワット・プラケオ博物館

20 min

神殿のような建物の内部に、ワット・プラケオの修復に関する展示や、武具・鉄砲などを展示しています。

C ドゥシット・マハー・プラサート宮殿&アポーン・ピモーク館

10 min

ラマ1世が自身の寝所として建設させた十字形の宮殿。脇にある黄金色のアポーン・ピモーク館にも注目。

足の裏

仏教の世界観を表した108の図が描かれているという、仏さまの足の裏は必見。

細密ならでん細工

長さ46m

IN THE MORNING (08:00-10:00)

BEST TIME 9:00

ご利益もピカイチ

ギラギラ&ピカピカな寺院をハシゴする

元気がもらえる！美しい寺院をめぐる

国民の9割が仏教徒というタイ。バンコク市内には、400以上もの仏教寺院があるといいます。有名なのは三大寺院と呼ばれるワット・プラケオ(P.16)、ワット・ポー、ワット・アルン(P.20)ですが、そのほかにも個性的な寺院が多数。黄金の仏さまや仏塔、カラフルなタイル装飾など、神秘的で美しい寺院をめぐり、お気に入りのスポットを見つけてみて。寺院は早朝から開いているところが多いので、気温の低い朝か夕方がおすすめです。

涅槃仏の背中側には108個の鉢があり、サタン硬貨（境内で両替可能）を入れると煩悩が消えるとか。

Visit 1

金ピカの寝釈迦さまに会いに行く！

1 涅槃仏
ねはんぶつ

全長46m、高さ15mの黄金色の涅槃仏はラマ3世によって造立されたもの。釈迦が入滅する(息を引き取る)姿を表しています。

お顔

穏やかな表情をした仏さまのお顔にも注目。写真を撮るときは足下から撮ると、全身を収めることができます。

2 4つの仏塔

寺院のシンボルである4つの仏塔は、ラマ1～4世を表しており、国王の遺物が安置されているそう。

4 回廊

本堂の周りを囲む二重の回廊には、黄金に輝く仏像がずらり。全部で約400体あるというから驚き！

3 西の仏堂

鎮座する仏像は、雨に濡れないようにナーガ(蛇神)がお釈迦さまを守っている様子が表されています。

5 本堂

金箔の貼られたブロンズ製の仏像が本尊。台座にはラマ1世の遺物が納められているそう。

Wat Pho
ワット・ポー

涅槃寺の別名を持つ

タイの現王朝であるチャクリー朝の初代王・ラマ1世が、僧侶が法を学ぶ場として再建しました。タイ古式マッサージの総本山としても知られ、境内でマッサージを受けられます。

王宮周辺 MAP P.163 B-3
2 Sanamchai Rd. 8:00～18:00 無休 拝観料200B MRTサナームチャイ駅から徒歩5分

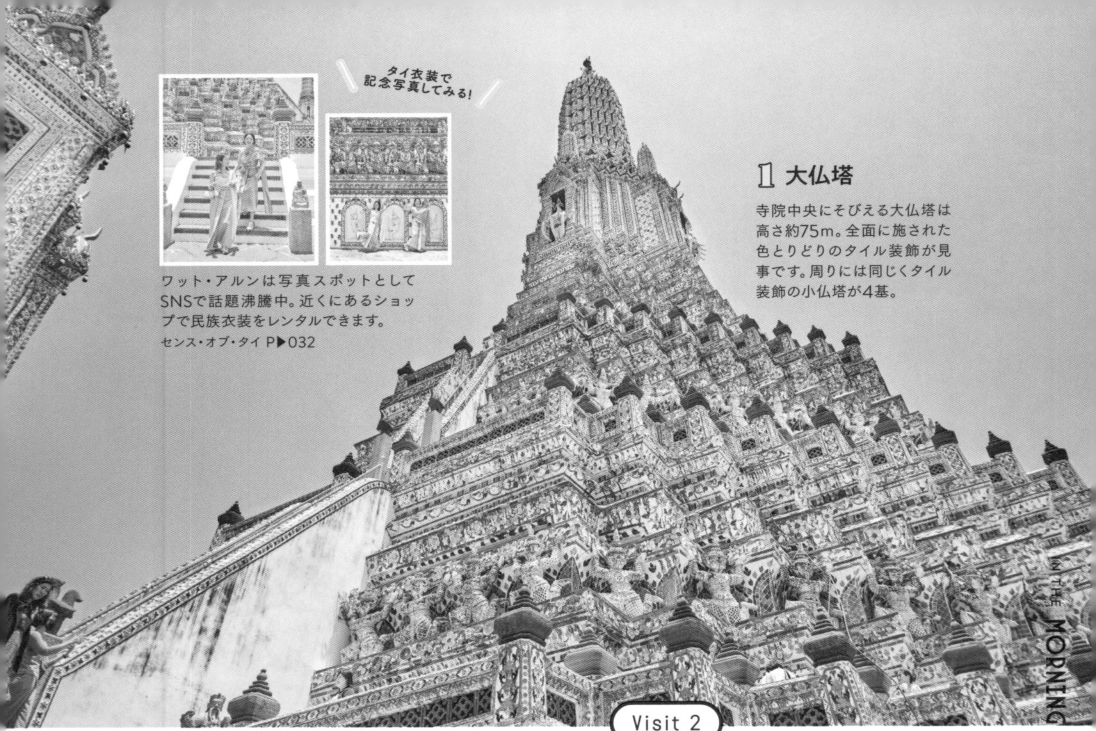

Visit 2

カラフルなタイルがかわいすぎる！

Wat Arun
ワット・アルン

チャオプラヤー川のほとりに佇む仏教寺院。タイル貼りの仏塔は19世紀初頭に建てられました。仏塔は途中まで階段で上ることができます。

王宮周辺 MAP P.163 A-3
🏠34 Arunamarin Rd. 🕒8：00～17：30 🔒無休 料拝観料100B 🚗ターティアン船着場から渡し船で3分

タイ衣装で記念写真してみる！

ワット・アルンは写真スポットとしてSNSで話題沸騰中。近くにあるショップで民族衣装をレンタルできます。

センス・オブ・タイ P▶032

1 大仏塔

寺院中央にそびえる大仏塔は高さ約75m。全面に施された色とりどりのタイル装飾が見事です。周りには同じくタイル装飾の小仏塔が4基。

2 山門

境内の北にある山門は、タイの伝統建築様式であるランナー様式の屋根が目印。両脇にはヤック（鬼）の像が。

3 回廊

山門をくぐると、本堂を囲む回廊があります。約120体の金色の仏像が並び、極彩色の壁画も美しい！

ぜんぶがカラフル

4 本堂

本堂の内部にはご本尊の仏像が鎮座しています。堂内の壁には、釈迦の生涯が一面に描かれています。

ワット・アルンへは渡し船でアクセス！

ワット・アルンがあるのは、王宮やワット・ポーがある旧市街から見て川の反対側にあるため、ターティアン船着場から渡し船でアクセスするのが便利です。渡し船は1回5B。

ワット・アルンは三島由紀夫の小説『暁の寺』に描かれた寺院としても有名です。

Visit 3 モザイク磁器の仏塔は必見

Wat Ratchabophit
ワット・ラチャボピット

1869年に建立された王室寺院。必見なのは、5色のモザイク磁器で覆われた仏塔の装飾です。本堂の内部には、ゴシック調などヨーロッパの影響をうかがわせる装飾もあります。

王宮周辺 MAP P.163 B-2 2 Fueang Nakhon Rd. 6：00～18：00 無休 拝観自由 MRTサムヨート駅から徒歩10分

1真珠をはめ込んだものなど、華麗な装飾に注目して 2仏塔は円形の回廊に囲まれている

Visit 4 バンコクで一番美しい仏さま!?

Wat Suthat
ワット・スタット

タイ最大と名高い青銅製の仏像は"バンコクで最も美しい仏像"として知られています。赤い鳥居のようなものは巨大ブランコ。かつてロープで小舟を吊るし、儀式を行っていたそう。

王宮周辺 MAP P.163 C-2 146 Bamrungmuang Rd. 8：30～20：00 無休 拝観料100B MRTサムヨート駅から徒歩10分

1高さ8mもあるシーサカヤムニー仏像 2仏像を覆うお堂。内部は壁画や繊細な木彫りの扉など装飾が美しい 3高さ約21mのブランコ「サオ・チンチャー」は寺院正面の通りにそびえる

1ピラミッド形に並ぶ尖塔。表面に金箔が貼られている 2中央塔内にある67段の階段を上ると、最上階から周辺の景色を見渡せる

Visit 5 37本の黄金の尖塔が美しい

Wat Ratchanatdaram
ワット・ラチャナダラム

スリランカの影響を受けたシャム風の建築が特徴。金色に輝く37本の尖塔は、「三十七道品(悟りに至るための三十七の修行法のこと)」を表現していると言われています。

王宮周辺 MAP P.163 C-2
2 Maha Chai Rd. 8：00～17：00 無休 拝観自由 MRTサムヨート駅から徒歩13分

BEST TIME
9:00

実はタイを代表する国民食なんです。
具材たっぷりなお粥がおいしすぎるー！

中華街のヤワラートで
大人気のおしゃれカフェ

1 インスタグラムで話題を呼んだ、2段ベッドのようなボックス席がユニーク 2 中華風のデザインを用いた店内は全席フォトジェニック

Lhong Tou Cafe
ロン・トウ・カフェ

映えカフェとして注目され、ハイシーズンには行列ができるほどの人気を誇ります。本格的な中国茶も取りそろえており、ドリンクのみのオーダーもOKです。

チャイナタウン MAP P.170 E-1
☎064-935-6499 ⌂538 Yaowarat Rd. ◷8:00〜22:00 無休 MRTワットマンコン駅から徒歩5分 カード 英語

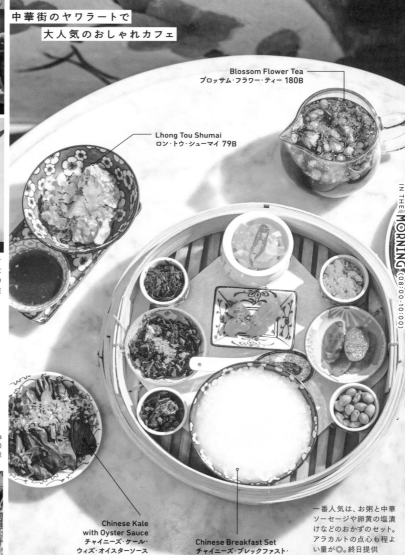

Blossom Flower Tea
ブロッサム・フラワー・ティー 180B

Lhong Tou Shumai
ロン・トウ・シューマイ 79B

Chinese Kale with Oyster Sauce
チャイニーズ・ケール・ウィズ・オイスターソース 69B

Chinese Breakfast Set
チャイニーズ・ブレックファスト・セット 129B

一番人気は、お粥と中華ソーセージや卵黄の塩漬けなどのおかずのセット。アラカルトの点心も程よい量が◎。終日提供

タイにはお粥が2種類あります。もう一つは「カオ・オム」と呼ばれ、お米をたっぷりのスープとともに食べます。

日々の生活に欠かせない タイのソウルフード

タイ料理といえば、なカレー、パッタイ、トムヤムクンなどは確かに人気ですが、地元の人がデイリーに食べているタイのソウルフードのひとつがお粥です。**タイのお粥は"ジョーク"と呼ばれ、お米の形がなくなるまでとろとろに煮込んでいるのが特徴。**街のいたる所に専門店や屋台があり、早朝から夜まで、地元の人々のお腹を優しく満たしています。せっかくの旅でお粥は…と渋るなかれ。ジョークはたっぷりの具材と食べるのがタイ流で、**おいしいおかずがセットになっていたり、肉団子やモツ、ピータンなどがたんまり入っていたり**と、食べ応えばっちりなんです。とはいえ普通の朝食よりも軽めなので、カフェとハシゴも余裕♪ 食いしんぼうにこそオススメです。

Pork Congee Egg
ポーク・コンジー・エッグ 50B

Pork+Liver+Stomach +Intestines Congee
ポーク＋リバー＋ストマック＋インテスタインズ・コンジー 50B

店先の大鍋でコトコトとジョークを煮込む様子。肉団子を生のまま、お米と一緒に煮込むことで、コクを出しているそう

早朝から大忙し！

Joke Samyan

ジョーク・サムヤーン

バンコクに数店舗ある人気チェーンの本店です。ジューシーな大粒の肉団子が好評で、半熟卵入りとモツ入りの2種類が特に人気だそう。

シーロム周辺 MAP P.167 A-1
☎085-864-1110 🏠245 Chula 11 Rama IV Rd. ⏲5:00～9:30、15:00～20:00 🔒無休 🚗MRTサムヤーン駅から徒歩6分

オーナーのポーンテンさん

Congee with Pork, Offal, Preserve egg, Egg
コンジー・ウィズ・ポーク、オッファル、プリザーブエッグ、エッグ 75B

1 タイではジョークに、パートンコー(5B)と呼ばれるカリカリの揚げパンをまぜて食べるのがポピュラー 2 店内の壁にはビブグルマンの称号がずらり 3 地元民に限らず観光客にも人気。早朝から閉店まで人足が絶えない

Joke Prince

ジョーク・プリンス

創業70年を超える老舗で、ミシュランガイドのビブグルマン常連。味付けはせず、肉団子のダシのみを生かした優しい味わいです。

チャオプラヤー川周辺 MAP P.170F-4
☎081-916-4390 🏠1391 Charoen Krung Rd. ⏲6:00～13:00、15:00～23:00 🔒無休 🚗BTSサパーンタクシン駅から徒歩5分

おすすめは緑が豊富で、広々としたテラス席。街の喧噪から離れ、のんびりとした時間が流れる

予約困難なブランチカフェで優雅なモーニングタイム

IN THE MORNING (08:00-10:00)

1 一軒家カフェの店先は、まるでヨーロッパのような雰囲気。フォトスポットとしても大人気 2 店内は天井が広く、開放感満点

Fran's Avocado Breakfast
フランズ・アボカド・ブレックファスト 490B

さまざまな具材を味わえる一番人気の朝食プレート。終日提供

Avocado & Coconut Smoothie
アボカド&ココナッツ・スムージー 220B

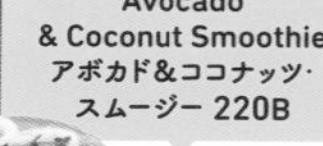

ミルク不使用ながら、とびきりクリーミー。砂糖の代わりにデーツで甘さをプラス

Fennel & Mango
フェンネル&マンゴー 290B

スライスマンゴーの下にはクリームチーズがたっぷり

Fran's - Brunch & Greens

フランズ ブランチ&グリーンズ

バンコクで今、最も予約が取れないカフェと言われており、週末は早めの予約が必須。朝食のほかにも、パスタやステーキなど、豊富なメニューはどれを食べてもハズレなし！

シーロム周辺 MAP P.166 F-3

☎069-2131-0786 🏠58 Ngam Duphli Alley Thun Maha Mek, Sathon Rd. 🕗8:00～18:00 🔒無休 🚗MRTルンピニ駅から徒歩8分 カード 英語

Lemon Poppy Seed Ricotta Pancakes
レモン・ポピーシード・リコッタ・パンケーキ 360B

ポピーシードの食感と、レモンクリームの酸味がアクセントに

Parma Ham & Burrata
パルマハム&ブラータ480B

ブラータチーズを丸ごとトッピングした贅沢なひと品

バンコクではサワードウブレッドが大流行中。Fran'sのものは、バンコクで最もおいしいと有名です。

6 7 8 9 10 11 12 13 14 15 16 17 18 19 20 21 22 23 0

BEST TIME
9:00

ブランチBOOMに乗って気分は最先端のバンコクっ子♡

グリーンに囲まれた南国cafeで爽やかに1日をスタート

バンコクのグルメシーンで注目を集めているのが、欧米風のブランチを提供するカフェ。味も雰囲気も最高な人気店はこちらです！

池の水面が輝くテラス席では、南国リゾート気分に浸れる。ゆったりくつろげるソファ席を狙って

高級リゾートホテルのような雰囲気に癒されまくり♡

Ultimate French Toast
アルティメット・フレンチトースト 270B

カリカリのベーコン×メープルシロップの甘じょっぱさが至福♡

Egg Benedict Prosciutto
エッグベネディクト・プロシュット 290B

濃厚なソースとプロシュートがベストマッチ！

パスタメニューは店内製造の生麺を使用する本格派

Crab Arrabiata
クラブ・アラビアータ 490B

Fruit Basket Iced Tea
フルーツバスケット・アイスティー 160B

細かく刻まれたフルーツの食感が楽しい

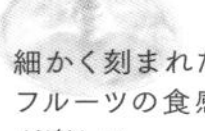

Kay's
ケイズ

3店舗を展開するカフェの2号店。バンコクNo.1と名高いフレンチトーストが名物です。キャッシュレスのためクレジットカードを忘れずに。

スクンビット周辺 MAP P.168 D-2 ☎095-859-4496 🏠49/99 Sukhumvit 49 Rd. ⏱7:30～22:00 🔒無休 🚗BTSプロームポン駅から徒歩15分 カード 英語

BEST TIME

9:00

屋台ごはん＆マーケットが楽しい

ルンピニ公園、行くなら朝！

緑豊かなルンピニ公園は、地元の人々の憩いの場。
早朝から午前中は朝市が開かれ、にぎやかな雰囲気に♪

Lumphini Park

ルンピニ公園

早めの時間がおすすめ

30種類以上の野鳥が生息する都会のオアシス。公園の西側にある駐車場では、5時から10時頃まで朝市が立ちます。店によっては9時頃に店じまいするところも。

シーロム周辺 MAP P.166 E-1
Rama Ⅳ Rd., Ratchadamri Rd. 散策自由 MRTシーロム駅から徒歩1分

おすすめ散策ルートはこんな感じ！

園内は自然豊か

まずは公園の西側の朝市から散策スタート。駐車場に屋台のパラソルが並んでいます。

野菜やフルーツ、魚、タイ伝統のお菓子など、さまざまなお店が並びます。

ドリンク屋台もアリ

屋台では麺料理やスープなどを販売。近くにあるテーブル席で座っていただきます。

腹ごしらえしたら公園内を散策。池には巨大なミズオオトカゲがいるので探してみて！

公園の南側にフードコートが。こちらも9～10時頃に閉店する店が多いです。

ベンチでひと休み

公園の周りにも屋台が点在。公園北側のゲート6付近にお店が集まっています。

おすすめ朝ごはん屋台はココ！

ロティ＆目玉焼き

ロティ＆目玉焼き 60B

できたてを提供！

鉄板で焼くロティと、小さなフライパンで提供する目玉焼きのお店。ゲート6近くにある。

クロワッサン

クロワッサン 50B

クロワッサンがおいしいと話題のベーカリー。パンが売り切れ次第閉店する（火曜定休）。チョコクロは60B。

コーヒー＆タイティー

ドリンク専門の屋台も。ネルドリップのコーヒーのほかに、タイティーやフルーツジュースもある。

英語メニューもあり
Coffee One

タイティー 20B

スープ

ガオラオ（豚モツ煮スープ）60B

調味料で好みに味変

朝ごはんにぴったりのスープの屋台。具だくさんのガオラオは常連客に評判。ご飯5Bと一緒に食べても◎。

BEST TIME

10:00

3倍速で願いが叶う!?

本気のお願い事はピンクのガネーシャに!

バンコク郊外のチャチューンサオ県にある巨大なガネーシャ像を参拝するには、タクシーをチャーターするか現地ツアーに参加するのがおすすめです。

自分の生まれた曜日の色のねずみに祈願します。金色のねずみは金運UPにご利益があるとか。

Wat Saman Rattanaram

ワット・サマーン・ラッタナーラーム

バンコクから車で1.5時間

祈願成就までのスピードが速いと話題

ガネーシャ像の周りに14体のねずみの像があり、ねずみにお願い事をするとガネーシャに伝えてくれるそう。主なご利益は学問成就＆商売繁盛。

バンコク郊外 MAP P.162 F-2
Moo 2, Tambom Bang Kaeo, Amphoe Muang Chachoengsao
8:00～17:00 無休 拝観自由 バンコクから車で1時間30分

お参りはこうする！

1 お供え物を購入

ガネーシャ像の前にある参拝所の前でお供え物のろうそくや線香をゲット。参拝所に入って祈りを捧げます。

2 ねずみにお願い事をささやく

ねずみの片耳にお願い事をささやきます。もう片方の耳をふさいでお願い事が漏れないようにするのがポイント。

蓮の花のモニュメントの近くにある参拝でおみくじ(10B)発見。運勢やアドバイスが書かれており、英語も併記

ガネーシャ像そばの川に浮かぶ蓮の花のモニュメント。ほかにも周辺には阿修羅や龍などの像があり、まるでテーマパークの様相

目覚めの1食目はローカルフードで♪

朝限定ストリートフード

ルンピニ公園のイエンタフォー屋台
Lumphini Park

朝食にしたいさっぱりスープ麺

ルンピニ公園の駐車場で朝のみ営業。酸味や辛味はなく、まろやかな味わいのスープが特徴です。つるつる食感の米粉麺とベストマッチ。

シーロム周辺 MAP P.166 D-1 ☎なし 🏠Ratchadamri Rd. ⏰6:00～売切次第 🔒月曜 🚗MRTシーロム駅から徒歩7分

1 お店はルンピニ公園のラチャダムリ通りに面する駐車場にある 2 一帯には朝のみのローカルフード屋台が多数

きしめんみたいな幅広麺

つるっと♡

魚のつみれ

ピンクのスープ!?

豚の血を固めたルアッ・ムー

さつまあげ

空芯菜

Yentafo

เย็นตาโฟ
イエンタフォー

豆腐を紅麹で発酵させた「紅腐乳」を使った麺料理。麺は米粉を使ったクイッティアオで、幅広麺はセンヤイと呼ばれます。魚のすり身のつみれや豚の血を固めたルアッ・ムーなどの具がのっています。

イエンタフォー Yentafo 45B

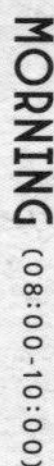

大きな鍋の中にはいろいろな種類のスープが!

お皿ごと鍋の中で温めてるから

すっごいアツアツ。

!!

Por Krua Thuen
ポー・クルア・トゥアン

路地裏にある隠れた人気店

地元の人々も太鼓判を押す、中華系タイ料理の店。15種類あるスープは店先に並んだ鍋の中で器ごと保温しているので、いつでもアツアツ。

チャオプラヤー川周辺 MAP P.162 D-3 ☎02-289-5105 🏠2351/26 Charoen Krung Rd., Soi 91 ⏰9:00～15:00 🔒土曜 🚗BTSサパーンタクシン駅から車で5分 英語

お鍋がズラ～ッ

Naam Sup

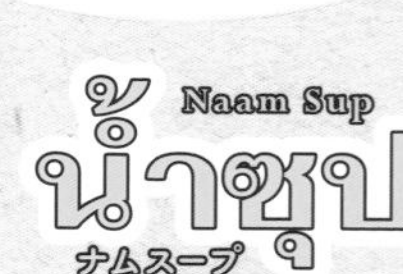

ナムスープ

具だくさんであっさりとしたクリアスープは朝食にぴったり。具材のダシが出ているので、どの具のスープを選ぶかによって異なる味わいが楽しめます。

鴨と冬瓜のスープ70B。冬瓜はほろほろの食感

冬瓜

鴨肉

アッツアツです。

ちょい足ししてピリ辛に!

ゴーヤー

スペアリブ

ゴーヤーのスープ
Bitter Ground Pork Ribs Soup
60B

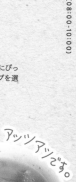

具だくさんなので食べ応えあり。大盛や麺なしもオーダー可能

Kiem Yi

เกยมอี๋

ギアムイー

ギアムイーは中華風の短い米粉麺。つるつる&やわらかい食感が特徴で、れんげですくっていただきます。チリパウダーやお酢で好みに味付けして。

Kiem Yi Xi Brangjesun

ギアムイー・ボラン・ジェースン

中華街にあるローカル食堂

豚肉や豚モツを煮込んだ中華風スープ、ガオラオの専門店。ギアムイーのほかに、バミー(小麦麺)、センミー(極細の米麺)、センレック(中太米麺)、センヤイ(平打ち米麺)を選べます。

チャイナタウン MAP P.170 E-1 ☎081-3580760 🏠506 Phlap Phla Chai Rd. ⏰9:00～14:00 🔒無休 🚗MRTワットマンコン駅から徒歩2分

Bamee

บะหมี่

バミー

バミーは小麦麺のこと。スープと共にいただくスタイルはタイ風ラーメンとも言われます。汁ありは"バミー・ナーム"、汁なしは"バミー・ヘーン"と注文しましょう。

Kuaytiaw Luuk Chin Plaa Je Ple

クイッティアオ・ルークチン・プラー・ジェー・プレ

魚介と共にあっさりといただく

メニューはタイ語のみというローカル食堂。魚のルークチン(つみれ)やさつま揚げなどの具が入ったあっさりスープはバミーとの相性抜群。ナンプラーや唐辛子をプラスしても。

チャイナタウン MAP P.170 E-1 ☎098-6915162 🏠166 Thanon Santiphap Rd. ⏰9:00～13:00 🔒日曜 🚗MRTワットマンコン駅から徒歩3分

Taofu

เต้าหู้

豆腐

できたてのお豆腐は目覚めのひと品に最適。温かいショウガのスープをかけていただくタオフー・ナムキンは、パートンコーやバジルシード、豆、麦などを好みでトッピングしていただきます。

辛いときはブラウンシュガーを追加。まろやかな味わいになる

ベンジャシリ公園裏の豆腐屋台
Benchasiri Park

地元民御用達の朝限定屋台

ベンジャシリ公園裏手の通りで、中華系タイ人が営む豆腐料理の屋台。散歩帰りにテイクアウトする地元の人々に大人気で、豆乳や厚揚げなども販売。

スクンビット周辺 MAP P.169 C-2 ☎なし 🏠Sukhumvit Rd. ⏰6:00～10:00 🔒月曜 🚗BTSプロームポン駅から徒歩7分

バンコクの朝にまつわるエトセトラ

MORNING TIPS

お店から近いワット・アルン(P.20)が人気の撮影スポット

衣装を選ぶ
色や柄のバリエーションが豊富。上下の組み合わせで自分好みのスタイルにアレンジできるのが楽しい!

着替える
店内の着替え室でスタッフに着付けをしてもらいます。着ていた洋服はお店で預かってもらえます。

小物を選ぶ
好きなバッグやアクセサリーを選べます。足元は自前なので、サンダルなど衣装に合うものをはいてきて。

タイの民族衣装

ชุดไทย

ウォークインもOKの民族衣装体験が気になる!

手ぶらでできる伝統衣装レンタルは、旅の思い出になること間違いなし。SENSE OF THAIは予約なしでもOKで、衣装のほかにバッグなどの小物も一式そろいます。お店の閉店時間まで一日中借りられるのもうれしいポイント。

SENSE OF THAI
センス・オブ・タイ
王宮周辺 MAP P.163 A-2 ☎094-321-5225
1/11 Trok Mahathat, Maharaj Rd. ターマハラート・モール 2F 10:00～18:30 無休 料衣装レンタル600B～ MRTサナームチャイ駅から車で5分 カード 英語

パワースポット

จุดรับพลัง

金ピカのお供え物

Phra Phrom
プラ・プロム(エラワン廟)
サイアム周辺 MAP P.164 D-2
☎なし 494 Ratchadamri Rd. 6:00～23:00
無休 料拝観自由 BTSチットロム駅から徒歩2分

お寺以外にもある!街なかパワースポット

"エラワン廟"の名で知られるプラ・プロムは、国内外の参拝者で常ににぎわうヒンドゥー教の祠。プラ・プロムから歩いて行けるトリムルティの祠&ガネーシャ像は、恋愛成就にご利益があると有名です。気軽にパワースポットめぐりを楽しんでみては?

Trimurti Shrine & Ganesha Shrine
トリムルティの祠&ガネーシャ像
サイアム周辺 MAP P.164 D-2 ☎なし
4 Ratchadamri Rd. セントラル・ワールド敷地内 拝観自由 BTSチットロム駅から徒歩3分

ソンクラーン

สงกรานต์

年に一度の「水かけ祭り」はビショぬれ覚悟で

ソンクラーンは4月旧正月をお祝いするタイ全土のお祭り。年長者の手に水をかけてお清めをするという風習が転じて、近年は知らない人同士でも水鉄砲やバケツで水をかけ合って楽しむように。街を歩けば突然水をかけられる可能性大!!

水上マーケット

ตลาดน้ำ

朝イチで出かけたい青空市場♪

屋外のマーケットを満喫するなら、気温が上がり切らない朝がベスト。蓮の花が咲くレッドロータス水上マーケットや、庶民の生活が垣間見られるタリンチャン水上マーケットは、ひと足のばしてでも訪れたい人気のスポットです。

バンコクから車で約1時間30分

©タイ国政府観光庁

©タイ国政府観光庁

Red Lotus Floating Market

レッドロータス水上マーケット

バンコク郊外 MAP P.162 D-1 Bang Len 8:30～17:30 無休 バンコクから車で約1時間30分

Taling Chan Floating Market

タリンチャン水上マーケット

バンコク西部 MAP P.162 D-2 Khlong Chak Phra, Taling Chan 土・日曜・祝日の8:00～17:00 月～金曜 MRTバンクノン駅から車で10分

©タイ国政府観光庁

©タイ国政府観光庁

両替

แลกเงิน

レートがいいのは“スーパーリッチ”！

街なかに数ある両替所の中でも、オレンジや緑のロゴが目印の両替所「スーパーリッチ」はレートがいいと評判です。

- セントラル・ワールド内 MAP P.165 C-2
- マハナコーン・タワー付近 MAP P.167 B-2
- アソーク駅構内 MAP P.169 B-1
- スワンナプーム空港内

お参りのマナー

ไหว้พระ

肩やヒザが出る露出の多い服装はNG

袖なしのトップスやミニスカートでは境内に入れません。旅行者が多いお寺ではスカーフやパレオを貸してくれることも。

貸出品があるお寺も

ミュージアム

พิพิธภัณฑ์

バンコクからひと足のばしてファビュラスすぎるフォトスポットへ

バンコクの東、サムットプラカーン県にあるエラワン・ミュージアムは、SNSで話題沸騰中のスポット。3つの頭を持つ巨大な象やステンドグラスなど撮影スポットが満載です。

バンコク市内からBTSでアクセスできる

©The Erawan Museum

The Erawan Museum

エラワン・ミュージアム

バンコク郊外 MAP P.162 E-3 02-371-3135-6 99/9 Moo 1, Bang Mueang Mai, Mueang Samut Prakan 9:00～18:00 無休 料 入場料400B BTSチャーンエラワン駅から送迎バスで3分 カード 英語

屋台

แผงลอย

バンコクっ子にまじってローカルごはん

屋台では英語が通じないこともしばしば。屋台で使えるタイ語をマスターしてローカル気分を楽しんで。タイ人になじみの深い調味料もチェック！

定番の調味料（クルアン・プルン）はコレ！

ナンプラー

チリパウダー

唐辛子入り酢

砂糖

屋台で使えるタイ語を予習

これください	アオ アンニー	เอาอันนี้
いくらですか？	タオライカ？	เท่าไหร่ คะ
辛くしないで	マイ アオ ペッ	ไม่เอาเผ็ด
おいしい	アロイ	อร่อย
普通盛り	タマダー	ธรรมดา

AROUND
Mid-Day
11:00 - 14:00

バンコクのランチの選択肢が多彩すぎる！食堂・屋台のローカルフードはもちろん、近年はミシュラン星付きのハイエンドなタイ料理レストラン、話題の多国籍料理店などいろいろなグルメシーンが登場しています。食後はローカルな街並みをお散歩してみましょう。

チャーム・ゲーン・カリー・ショップ(P.36)では、タイの家庭料理をモダンにアレンジ。なかでもカレーは絶品

BEST TIME

12:00

奥深～い世界にどっぷりハマっちゃって！

定番タイカレーは、ココで食べれば間違いなし

日常食として親しまれるカレーは、家庭の数だけ種類があるとか！
本場のスパイス＆具材を使った、ディープな味わいは必食です。

クセのない白身魚のつみれが、まろやかなカレーと相性◎

Green Curry with Clown Featherback Fish Balls
グリーンカレー・ウィズ・クラウンフェザーバックフィッシュ・ボールズ 135B

タイでポピュラーなフルーツ、レンプのシャキシャキとした食感がユニーク

Tumis Curry with Tiger Prawns and Rose Apple
トゥミスカレー・ウィズ・タイガープローンズ・アンド・ローズアップル 560B

Stir Fried Cowslip Flower with Minced Pork
スターフライド・カウスリップフラワー・ウィズ・ミンスドポーク 120B

日本では黄花九輪桜と呼ばれる花のつぼみの炒め物。独特な風味と食感がやみつきに

Fluffy Crab Meat Omlet
フラッフィー・クラブミート・オムレツ 120B

カニの身をふんだんに包み込んだ、ふんわりオムレツ。シンプルで優しい味わい

Krua Apsorn
クルア・アプソン

王族に仕えた料理人の店

オーナーは、前国王の母をはじめとしたタイの王族に料理を振る舞っていた名シェフ。王族も愛した秘伝のレシピを、リーズナブルな価格で味わえます。

バンコク西部 MAP P.162 D-2 ☎02-668-8788 🏠503/505 Samsen Rd. 🕘10:00～19:30 🔒日曜 🚗BTSパヤタイ駅から車で10分 カード 英語

Phanaeng Curry of Braised Beef Cheek
パネーンカレー・オブ・ブレイズド・ビーフチーク 590B

とろとろに煮込んだ牛ほほ肉たっぷりの濃厚カレー。煮干しと発酵させた大豆が隠し味！

Thai Caramel Rice Bar and Banana with Toasted Coconut Ice Cream
タイ・キャラメル・ライスバー・アンド・バナナ・ウィズ・トーステッドココナッツ・アイスクリーム 220B

煎ったココナッツの香ばしさが口いっぱいに広がるアイスクリームを、バナナとともに

Charm Gang Curry Shop
チャーム・ゲーン・カリー・ショップ

家庭の味をグレードアップ

古くから伝わる家庭料理のレシピを参考に、贅沢な素材で昇華させたカレーが名物。季節ごとに旬の素材を使った限定メニューも登場します。

チャオプラヤー川周辺 MAP P.170 D-4 ☎098-882-3251 🏠14, 35 Charoen Krung Rd. 🕘12:00～14:00(土・日曜のみ)、18:00～22:00 🔒無休 🚗MRTフアランポーン駅から徒歩10分 カード 英語

✦✦✦ 辛そうなイメージを抱く人が多いかもしれませんが、見た目よりもマイルドなものが多数。不安な場合は店員さんに聞いてみて！

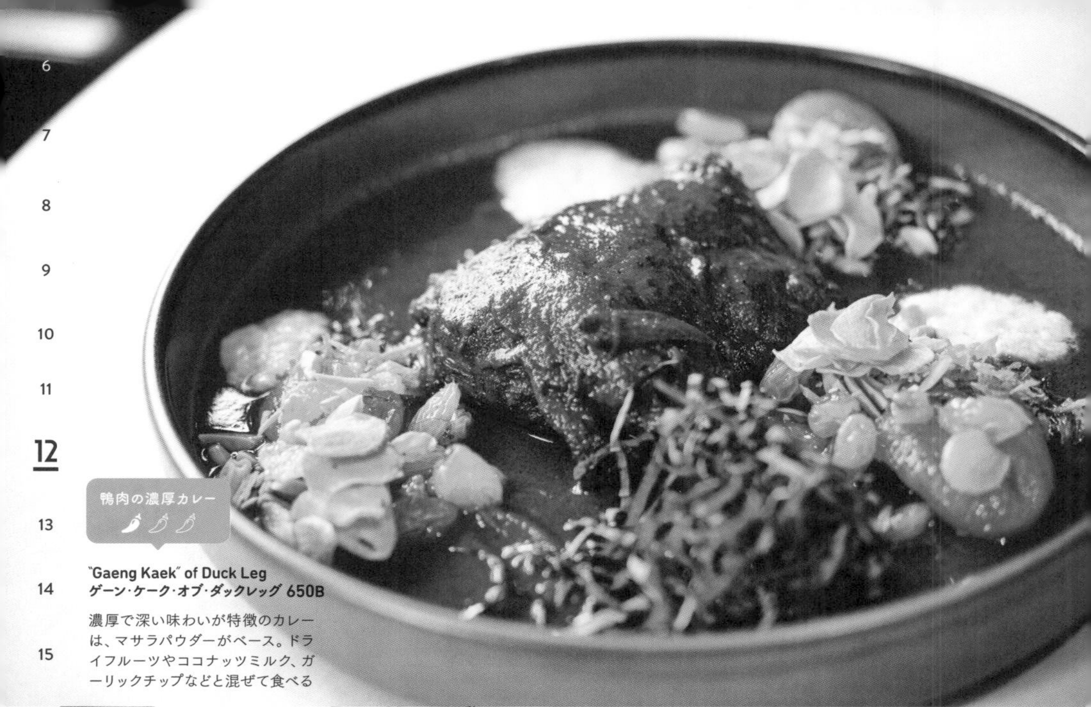

鴨肉の濃厚カレー

"Gaeng Kaek" of Duck Leg
ゲーン・ケーク・オブ・ダックレッグ 650B

濃厚で深い味わいが特徴のカレーは、マサラパウダーがベース。ドライフルーツやココナッツミルク、ガーリックチップなどと混ぜて食べる

Crispy Pork Belly with Four Peppers
クリスピー・ポークベリー・ウィズ・フォー・ペッパーズ
420B

Clear Soup of PorkBelly and Squid
クリアスープ・オブ・ポークベリー・アンド・スクイッド
300B

Mangosteen
マンゴスチン
390B

Grilled Shrimp and Smoked Fish Relish
グリルドシュリンプ・アンド・スモークドフィッシュ・レリッシュ
320B

Jasmine Rice
ジャスミンライス
60B

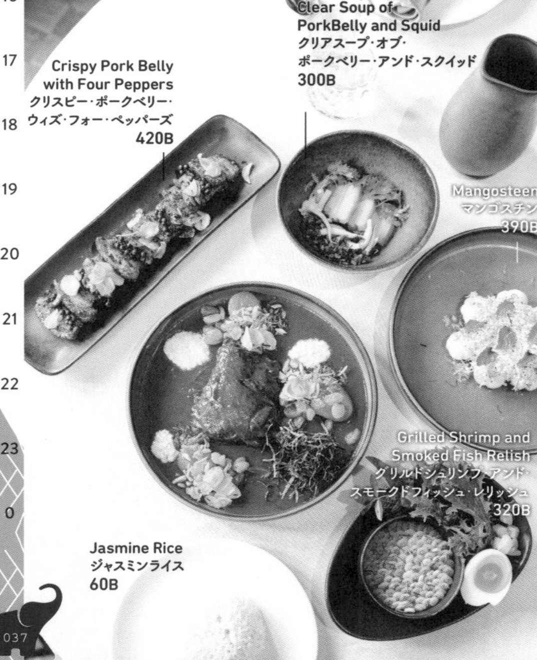

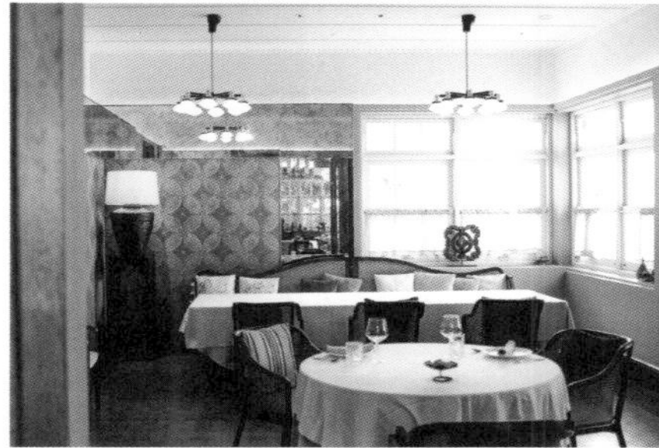

かつては名家の邸宅だったという店は、高価なアンティークが並ぶ豪華なしつらいも必見

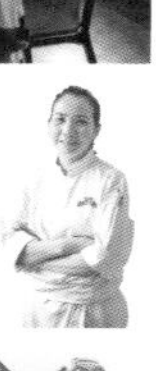

シェフのプムさん

BENJARONG
ベンジャロン

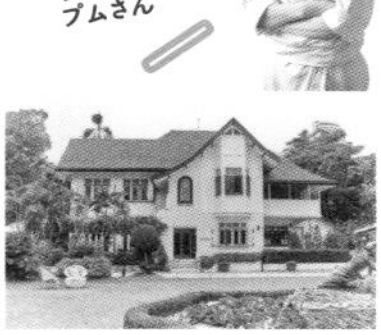

貴族が愛した味わいを再現

かつて貴族だけが食べられたという、マレーシアやインドのスパイスを使った伝統料理を現代風にアレンジ。盛り付けや皿も美しく、貴族の食事を体験できます。

シーロム周辺 MAP P.166 D-2 ☎02-200-9009 🏠116 Saladaeng Rd. 🕘11：00～14：30、17：30～22：00 🔒無休 🚗MRTシーロム駅から徒歩5分 カード 英語

タイ料理の2大人気といえば、パッタイとカオマンガイ！
ランチにおすすめの実力店がコチラです。

Hoong
フン

カフェのようなおしゃれな専門店
仕上げにとろみのある鶏スープをかけていただくのがこのお店の最大の特徴。お肉の部位やご飯の種類（白米・玄米・ビリヤニライス）も選べます。

シーロム周辺 MAP P.167 C-3
☎065-590-4162 Soi Sathon 8 9：30～20：30（LO19：30）無休 BTSチョンノンシー駅から徒歩5分 英語

SOUP
あっさり鶏スープ
冬瓜のスープ

SAUCE
醤油×唐辛子
スイートチリソース
ネギ×ショウガ

ニューウェーブ
自由にカスタムできる進化形カオマンガイ

低温調理した鶏肉はおどろくほどしっとり！ 目玉焼きはプラス15B

Chicken Rice
チキンライス
159B

KHAO MAN GAI
カオマンガイ

鶏スープで炊いたご飯にゆで鶏をのせたチキンライス。お店ごとにオリジナルのタレがあります。

AROUND MID-DAY (11:00-14:00)

王道
シンプルイズベストな王道のカオマンガイ

丸ごと2時間煮込んだ鶏肉はジューシーな食感。鶏肉の単品注文も可能

Hainanese Chicken Rice
ハイナニーズ・チキンライス
50B

SIDE DISH

豚肉をスパイスと共にやわらかく煮込んだブレーズド・ポーク70B

SAUCE

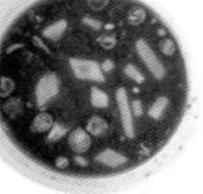

タオチオ（大豆のソース）入りのタレ

ピンクの制服が目印です♪

Go-Ang Kaomunkai Pratunam
ゴーアン・カオマンガイ・プラトゥーナム

行列必至の人気店
"ピンクのカオマンガイ"の愛称で知られる専門店。スープや豚肉料理などのサイドメニューもあり。

サイアム周辺 MAP P.164 D-1 ☎02-252-6325 960 962 Phetchaburi Rd. 6：00～14：00、15：00～21：30 無休 BTSチットロム駅から徒歩10分 英語

ゴーアン・カオマンガイ・プラトゥーナムの並びにはもうひとつの人気店、クアン・ヘン・プラトゥーナム・チキンライス（P.58）が。

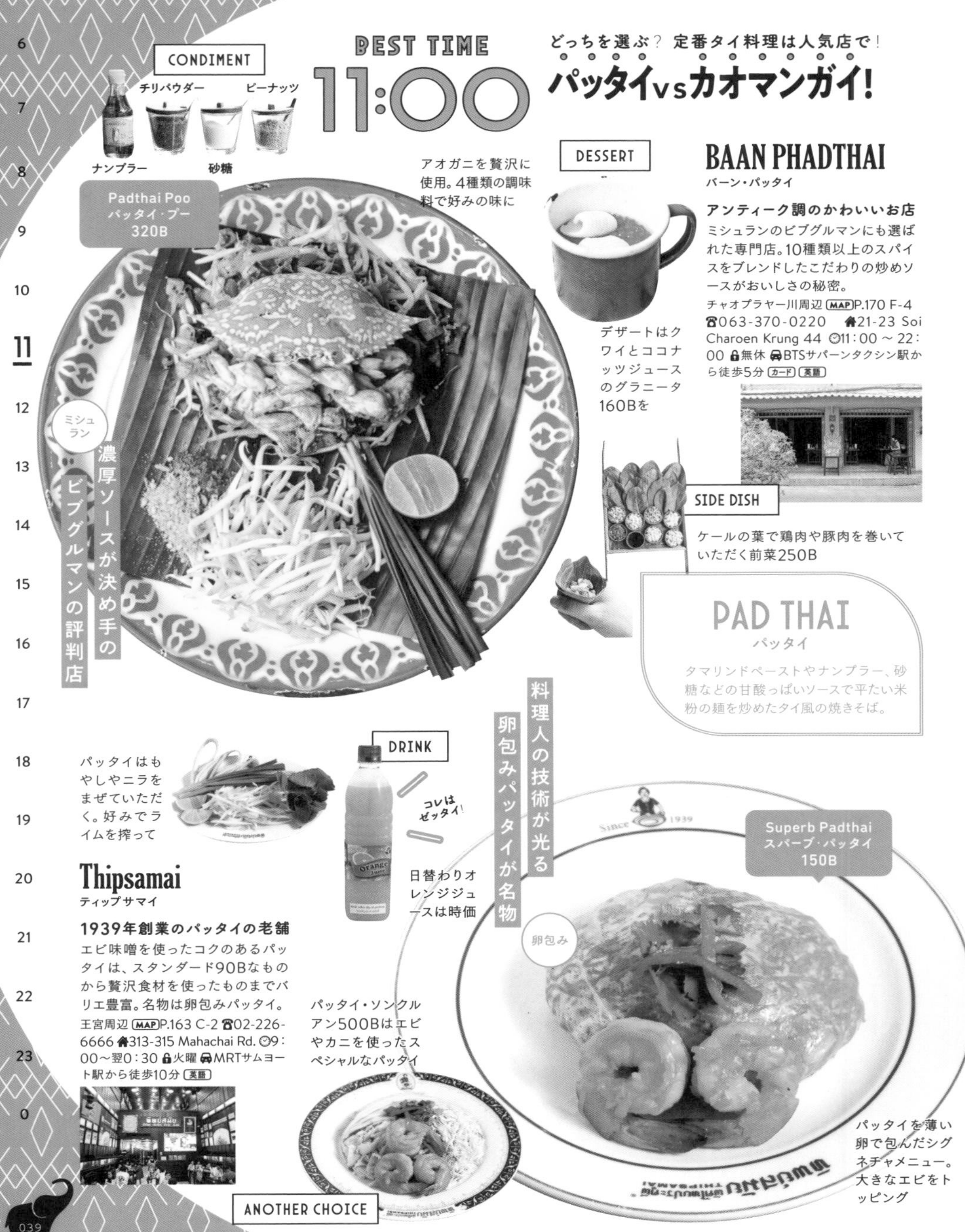

BEST TIME

11:00

どっちを選ぶ？ 定番タイ料理は人気店で！

パッタイvsカオマンガイ！

CONDIMENT

チリパウダー ピーナッツ

ナンプラー 砂糖

アオガニを贅沢に使用。4種類の調味料で好みの味に

Padthai Poo
パッタイ・プー
320B

ミシュラン

濃厚ソースが決め手のビブグルマンの評判店

DESSERT

デザートはクワイとココナッツジュースのグラニータ160Bを

BAAN PHADTHAI
バーン・パッタイ

アンティーク調のかわいいお店

ミシュランのビブグルマンにも選ばれた専門店。10種類以上のスパイスをブレンドしたこだわりの炒めソースがおいしさの秘密。

チャオプラヤー川周辺 MAP P.170 F-4 ☎063-370-0220 🏠21-23 Soi Charoen Krung 44 🕘11：00～22：00 🔒無休 🚗BTSサパーンタクシン駅から徒歩5分 カード 英語

SIDE DISH

ケールの葉で鶏肉や豚肉を巻いていただく前菜250B

PAD THAI
パッタイ

タマリンドペーストやナンプラー、砂糖などの甘酸っぱいソースで平たい米粉の麺を炒めたタイ風の焼きそば。

パッタイはもやしやニラをまぜていただく。好みでライムを搾って

DRINK

コレはゼッタイ！

日替わりオレンジジュースは時価

料理人の技術が光る卵包みパッタイが名物

Superb Padthai
スパーブ・パッタイ
150B

卵包み

Thipsamai
ティップサマイ

1939年創業のパッタイの老舗

エビ味噌を使ったコクのあるパッタイは、スタンダード90Bなものから贅沢食材を使ったものまでバリエ豊富。名物は卵包みパッタイ。

王宮周辺 MAP P.163 C-2 ☎02-226-6666 🏠313-315 Mahachai Rd. 🕘9：00～翌0：30 🔒火曜 🚗MRTサムヨート駅から徒歩10分 英語

パッタイ・ソンクルアン500Bはエビやカニを使ったスペシャルなパッタイ

ANOTHER CHOICE

パッタイを薄い卵で包んだシグネチャメニュー。大きなエビをトッピング

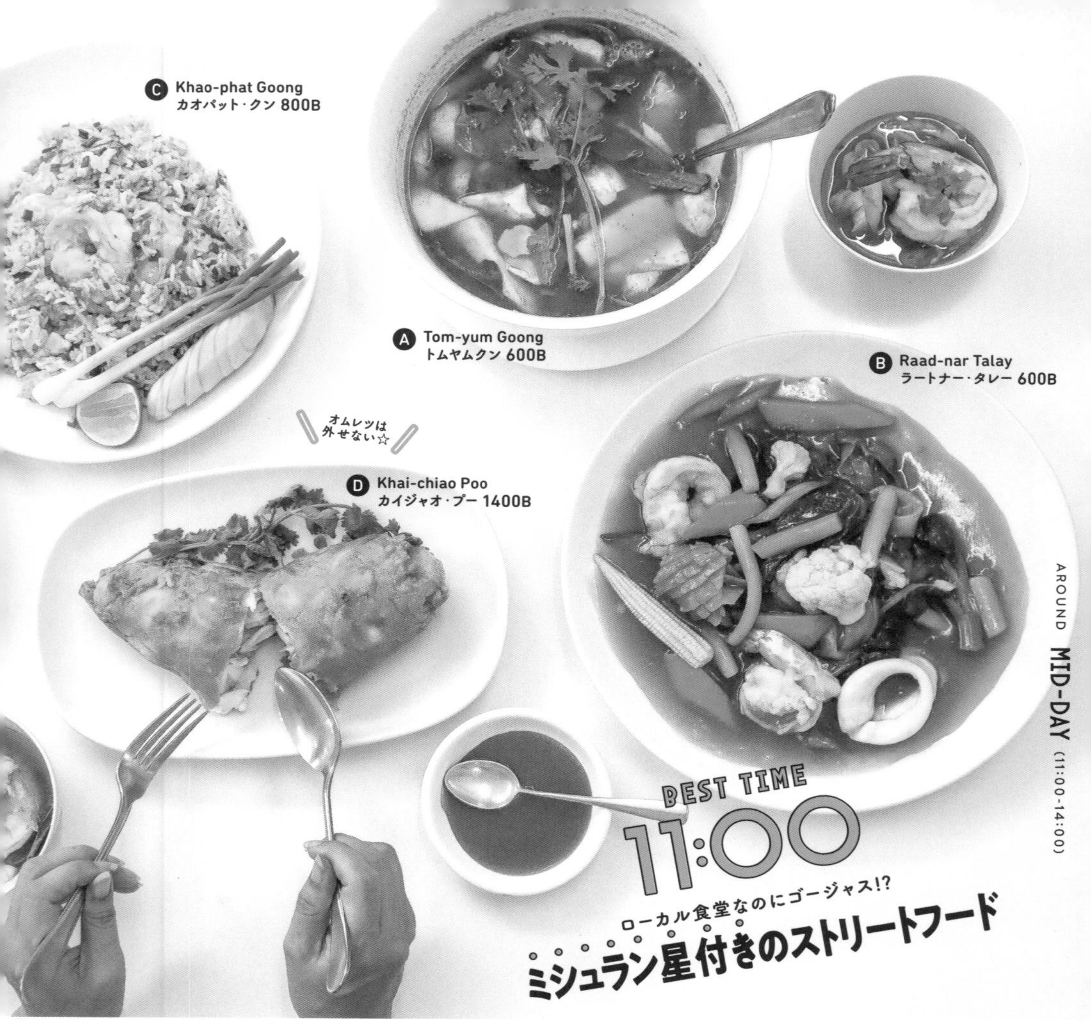

C Khao-phat Goong
カオパット・クン 800B

A Tom-yum Goong
トムヤムクン 600B

B Raad-nar Talay
ラートナー・タレー 600B

オムレツは外せない☆

D Khai-chiao Poo
カイジャオ・プー 1400B

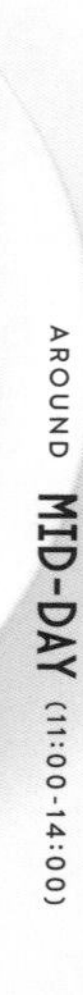

BEST TIME
11:00

ローカル食堂なのにゴージャス!?

ミシュラン星付きのストリートフード

最低でも6時間待ち!? 話題の食堂に潜入してみた

ローカル食堂でありながらミシュランの1つ星を獲得したことで、世界中から注目を集める「ジェイ・ファイ」。普通の食堂の約10倍という高級店顔負けの価格設定でも、行列は途絶えることがありません。人気の秘密は店主の"ファイおばさん"が作るカニのオムレツ。ゴーグルを着け、店先で一日中大きな鍋を振っています。できたてのオムレツはカニの身がぎっしり! そのほかの料理も大きなタイガープローンを惜しげもなく使うなど、まさに贅沢の極みです。ただし、開店1時間前ですでに整理券は配布終了しキャンセル待ち。来店してから料理にありつくまで半日かかるという、いろいろと規格外なお店なので、旅行者にはハードル激高ですが、話のネタに挑戦してみるのもあり?

✦✦✦ キャンセル待ちの場合、うまく行けば2回転目の12時過ぎに入店できることも。入店時間は全く読めません…!

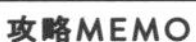

- 朝イチで名前を書きに行く！
- 順番を飛ばされないようにチラチラ見に行く
- 気長に待つ
- 量が多いので3人以上で挑むのがベター

1 オープン直後からこの行列！

2 名前と人数をウェイティング表に記入

3 あとはひたすら待ちます…

4 ついに入店！

この時点で6時間経過

右の料理写真 Ⓐ大きなエビがたっぷり入ったトムヤムクン Ⓑシーフードと野菜のタイ風あんかけ麺 Ⓒエビ入りチャーハン Ⓓカニの身がぎっしりと詰まったオムレツ。ほとんどの客が注文する名物料理。どれもひと皿の量が多いので、3～4人でシェアするのが無難。トムヤムクンやチャーハン、麺料理はエビ・魚・シーフードなどから具材を選べ、内容により値段が異なる。白いご飯は1人30B

食べ応えありすぎる！

5 料理＆ドリンクを注文。量が多いので注意です

6 店主が暑い中せっせと料理を作っています

7 ついにカニのオムレツ登場。いただきます！

Jay Fai

ジェイ・ファイ

海外セレブも訪れる名店

新鮮なシーフードをシンプルな料理方法で提供。ミシュランの星を獲得＆Netflix番組『ストリートグルメを求めて』で取り上げられたことで一躍世界的な有名店になりました。予約不可。

王宮周辺 MAP P.163 C-2 ☎02-223-9384 ⌂327 Mahachai Rd. ⏲9:00～20:00 休月～水曜 🚗MRTサムヨート駅から徒歩10分 英語

ビブグルマンのローカル食堂がココ！

Joke Prince

ジョーク・プリンス P▶023

創業から70年以上のお粥の老舗。米を粒がなくなるほどとろとろに煮込んだお粥は軽めのお昼ごはんに。

Nai Ek Roll Noodles

ナイ・エーク・ロール・ヌードルズ P▶147

チャイナタウンのヤワラート通りにある人気食堂。米粉を使ったスープ麺×カリカリポークが絶品です。

BEST TIME 12:00

AROUND MID-DAY (11:00-14:00)

全国のおいしいものが集まるバンコクだからこそ!

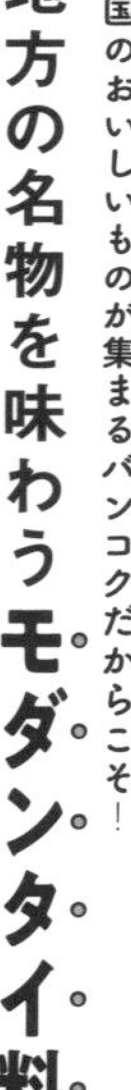

地方の名物を味わうモダンタイ料理ランチ

100年以上前に建てられたという邸宅をリノベーション。1階には、チェンマイで毎年開催されるコムローイ祭りをイメージしたスペースが

chef!!

予約 望ましい / 公式HPよりWEB予約可
予算(1人) ランチ700B、ディナー2888B(8コース)

North
ノース

自家製麺を使ったカオソーイが人気

店名のとおり、タイ北部の名物料理を提供。ランプーン出身のオーナーによるレシピをモダンに昇華しています。アラカルトメニューはランチ限定で、夜はコースのみ。

スクンビット周辺 MAP P.169 C-2
☎061-426-2642 🏠8 Sukhumvit 33 Rd.
🕐11:30～14:30、18:00～23:00 🔓無休
🚌BTSプロームポン駅から徒歩5分 カード 英語

1 チェンマイの名物料理、カオソーイをパスタ風にアレンジ。麺は自家製。ドライ・カオソーイ・ウィズ・リバープローン 588B 2 タイ北部でふんだんに使われるスパイス、カルダモンで風味付けしたフライドチキン。チェンライ・チューリップ・チキン 148B 3 (上)タイ北部で栽培がさかんなマスクメロンを使用。マスクメロン・ウィズ・ココナッツミルク・カスタード 128B (下)程よい塩気の効いた梅スイーツ。プラムシャーベット 108B

✦✦✦ ノースでは、ディナータイムのみスマートカジュアルのドレスコードあり。ビーチサンダルはNGです!

まだ食べたことのないタイを味わい尽くす！

タイ全土のおいしいものが集まるバンコクでは、食事を厳選するのにひと苦労。定番は外せないとして、トレンドの味も食べたいし、地方の料理も知りたいし…。そんな私の願いを一度に叶えてくれたのが、地方料理のフュージョン・キュイジーヌでした。タイ北部料理の店ノースは、チェンマイ名物のカレーラーメンことカオソーイが絶品。自家製平打ち麺をパスタ風にアレンジしたドライ・カオソーイは、ほかでは出合えない味です。あまりメジャーではない東部料理のおいしさに気付かせてくれたのはブラパー。タイ産の和牛を使うなど、食材のバラエティもピカイチです。バンコクにいながら地方へのショートトリップ気分を楽しめて、食べたいものも制覇。一石二鳥とは、まさにこのこと♡

6 7 8 9 10 11 12 13 14 15 16 17 18 19 20 21 22 23 0

予約 望ましい / 電話またはメール
予算（1人）1000B

Burapa Eastern Thai Cuisine & Bar

ブラパー・イースターン・タイ・キュイジーヌ＆バー

東部料理を大胆にアレンジ

タイ東部・トラート出身のオーナーシェフが、地元の料理をもっと広めたい！という思いからオープン。〝食の旅〟をテーマにデザインしたという、列車風の内装がおしゃれです。

サイアム周辺 MAP P.162 E-2
☎02-012-1423 🏠26 Sukhumvit 11 🕒12:00～15:00、17:00～24:00 🔒月曜 🚗BTSナーナー駅から徒歩10分 カード 英語

1（上）赤と緑のトウガラシを使った東部伝統のラワーン・カレー 250B（下）まろやかなココナッツスープの麺料理。ライス・ヴァーミセリ＆クラブミート ココナッツスープ 480B 2 タイ産和牛も店の名物。（上）グリルド・タイ和牛＆ビーフ・バター・フライドライス 450B（下）グリルド・タイ和牛タン 350B 3 カボチャを使ったカノム・モーゲン。タイ・パンプキン・カスタード 280B 4 オーナーシェフのアッキーさん

BEST TIME

12:00

まるでダンジョンみたいな巨大空間だから

ショッピングモールはこう攻略する!

1 近未来的なデザインが特徴 2 チャオプラヤー川のほとりに立つ 3 アパレルも充実のザ・セレクテッド 4 チャオプラヤー川を見渡すスターバックス・リザーブ・チャオプラヤー・リバーフロント

2

1

4

3

AROUND MID-DAY (11:00-14:00)

STEP3 4-5階 ICONCRAFTで かわいいタイの手仕事を探す。

タイの職人が作る伝統工芸品をモダンにデザインしたインテリア、食器、雑貨などが2フロアに大集合。

バラマキみやげ♪

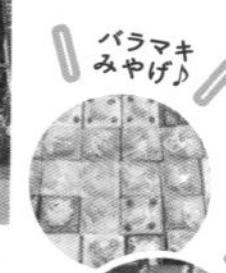

お菓子もアリ

タイ伝統の織物をハンドルにあしらった布バッグ 各2850B

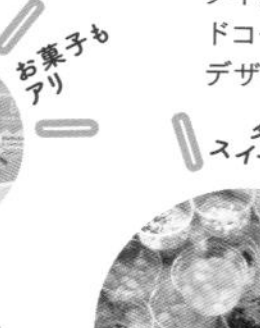

伝統工芸のベンジャロン焼

STEP2 G階 まるで水上マーケットな SOOKSIAMを探検♪

タイ各地のローカルフードを集めたフードコート。水上マーケットをモチーフにデザインされ、まるで小さな街のよう!

タイのスイーツも♡

人気店「サミラーホイガタ」の魚介のホイトート(タイ風お好み焼き)120B

STEP1 2階 The Selectedで タイのクリエーターズアイテム。

タイの若手クリエーターのブランドが集まるアパレル・雑貨などのショップ。100以上のブランドがあり、そのほとんどがドメスティックブランド!

デザインは3種類

市場でおなじみの米袋をモチーフにしたトートバック各200B。タイのライフスタイルブランド「ココ スイ」の人気アイテム

✦✦✦ 川沿いにある「リバーパーク」では、毎日18時30分と20時に噴水ショーが行われます。

バンコクの"旬"が集まる複合空間を探検！

チャオプラヤー川のほとりに立つアイコンサイアムは、75万㎡もの敷地にショッピングセンターやアトラクション施設などが集まるコンプレックス。メイン施設のショッピングセンターにはG階から8階まで11のフロアがあり、**ショップ・飲食店合わせて約700が集結**しています。話題のアパレルやクラフトショップ、タイ最大のスタバ、タイ初のアップルストアなど、ここへ来れば**バンコクの"今"がわかると言っても過言ではないほど**。広大かつ大量のお店があるので、一度ではとても回り切れません。特におすすめな下の4つのトピックスを参考にして。

STEP1 7階 タイ最大のスタバで限定ドリンク。

2フロアに400以上の席数があり、チャオプラヤー川を一望。限定ドリンクや限定アイテムが狙い目(P.95)。

リザーブならではの洗練されたデザイン。お酒も提供する

ライチ×アールグレイ

ICONSIAM

アイコンサイアム

加盟ショップで最大30%割引になる、無料の「ツーリストカード」を1階のツーリストラウンジでゲットできます(2023年6月現在。サービスが終了する可能性あり)。

チャオプラヤー川周辺 MAP P.170 E-4 ☎02-495-7000 🏠299 Charoen Nakhon Soi 5 🕙10:00～22:00 🔒無休 🚗BTSチャルンナコーン駅から徒歩1分、またはサトーン船着場(MAP P.170 F-4)からシャトルボート

最旬モールはコチラ

STEP1 5階 リバービューのフードコートでランチ。

最上階のフードコートは、チャオプラヤー川を見渡す展望が魅力。しかもアソーク同様に、とってもリーズナブル！

センヤイ・ラートナー30B、点心は15B～

STEP2 3階 G階 インパクトありすぎなフォトスポットで撮影大会。

館内には、1000以上のフォトスポットが。なかでもユニークなトイレエリアは必見！

巨大なラーメン!?

STEP3 3階 注目のタイブランドをイッキ見！

タイブランドのショップが多数並ぶのは1階。アパレルからシューズ、ジュエリーまで、豊富なデザインがラインアップ。

1「OWNORY」のチャームブレスレット

2カラフルな天然石のアクセサリーがキュートな「GLAM EDITION」

TERMINAL21 RAMA3

ターミナル21 ラマ3

まるで大人のテーマパーク！

2022年オープン。空港を模したアソーク店に対して、こちらは鉄道駅がコンセプト。フロアごとで異なる国をテーマに、多くのフォトスポットがあります。

バンコク南部 MAP P.162 D-3 ☎02-483-3555 🏠356 RamaIII Rd. 🕙10:00～22:00 🔒無休 🚗BTSスラサック駅から車で10分

BEST TIME

12:00

安い！ 早い！ もちろんおいしい！

本当に使えるフードコート&屋台街

(約240円)60B

Crispy Fried Oysters
クリスピー・フライド・オイスターズ

カリッと食感がクセになる♡

小粒のカキがたっぷり入った薄焼きオムレツ

入口付近のカウンターで現金を渡し、支払いに必要なプリペイドカードを入手

プリペイドカードGET!

Rice + Stir Fried Basil with Pork
ライス＋スターフライド・バジル・ウィズ・ポーク

47B
（約190円）

ガパオライスは目玉焼きONでこの値段！

バンコクーリーズナブル!?

Pier 21

ピア21

安い、おいしい、清潔と大評判

アソーク駅直結のショッピングモール、ターミナル21の6階という好立地ながら驚きの安さ。ポピュラーなタイ料理とスイーツがラインナップ。

スクンビット周辺 MAP P.169 B-1
88 Sukhumvit Soi 19 10:00～22:00 無休 BTSアソーク駅直結 英語

八角好きにイチオシなトロトロの豚煮込み

(約170円)42B

Rice with Stewed Pork Leg + Egg
ライス・ウィズ・シチュード・ポークレッグ＋エッグ

ゆで卵＆高菜付き。豚肉と卵をコトコト煮込む大釜が目印！

Thai Corn Salad with Salted Egg
タイ・コーンサラダ・ウィズ・ソルテッドエッグ

35B
（約100円）

入口付近にあるパパイヤサラダの店で販売

各25B
（約100円）

Watermelon Ice Blended
ウォーターメロン・アイス・ブレンデッド

Passion Fruit Ice Blended
パッションフルーツ・アイス・ブレンデッド

フレッシュフルーツのスムージーは、屋台よりも安いかも!?

おいしいサク飯なら フードコートへ！

近年、屋台が激減しているバンコク。サクッと手軽に食べられておいしい店は!?と探してたどり着いたのが、フードコートです。バンコクに続々と誕生しているショッピングモールはどこも立派なフードコートがあり、ずらりと並ぶ店を見ているだけでワクワク。気軽にひとりごはんをできるのはもちろん、複数人で行けば、いろんな料理が楽しめます。でもやっぱり屋台料理も食べたい…！というときにオススメなのが、"OL市場"と呼ばれる、日中ににぎわう屋台街。オフィス街に点在し、周辺の会社員が通うことから、こう名付けられたそう。倉庫のような空間に100以上の屋台が並ぶ、雑多な雰囲気で味わう屋台飯は、東南アジアならでは！ 今回はアクセスに便利なスクンビット周辺エリアのおすすめ3軒を紹介します。

ビブグルマン店がずらりと並ぶ

GOURMET EATS

グルメ・イーツ

人気店の味を一度に楽しめる

ショッピングモール・エンポリアムの4階にあるこちらは、ビブグルマンの常連店が集結。本店ほど待たずに、そのままの味を楽しめます。

スクンビット周辺 MAP P.169 C-2

622 Sukhumvit Rd. 10:00～22:00 無休 BTSプロームポン駅直結 英語

Khaosoi Chicken
カオソーイ・チキン 109B
アーリー地区の本店は行列が絶えない、カオソーイ専門店「オントン」

タレとスープがセット

Hainanes Chicken Rice
ハイナニーズ・チキンライス 80B
"ピンクのカオマンガイ"こと「ゴーアン・カオマンガイ・プラトゥーナム」

Noodles with Yenta Sauce
ヌードルズ・ウィズ・イエン・タ・フォーソース100B
名店「ナイウアン」のイエンタフォー。選べる麺は太麺がおすすめだそう

具沢山がうれしい

高級デパートらしくフードコートもおしゃれ

雰囲気も味もローカル感満点

Talad Ruamsub

タラート・ルアムサップ

スクンビット周辺最大の屋台街

周辺の会社員が通う、通称「OL市場」。入口から狭い通路を進むと奥に広大な食堂エリアが。衣服店も多く、食事と買い物をセットで楽しめます。

スクンビット周辺 MAP P.162 F-2

Asok Montri Rd. 7:00～19:00 土・日曜 BTSアソーク駅から徒歩7分 英語

服もプチプラ！

好きなおかずを自由に組み合わせ♪

ライス＋総菜3点 65B
おかずの種類は約30種類。指差しで伝えよう

AVOCADO bistro

新鮮なアボカドスムージーのスタンドには行列が！

Avocado Milk
アボカド・ミルク 45B

BEST TIME

13:00

自分だけの旅の思い出を買いに

アジア最大のジュエリー市場で宝探し！

上質なジュエリーを割安価格で買える⁉

古くから宝石の集積地として有名なバンコクで貿易拠点となっているのが、ジュエリー・トレード・センターです。世界中から集う宝石商が卸販売していて、割安価格で買えるのが魅力。〝旅の記念に特別なものを買いたい〟〝ちょっと奮発して素敵なジュエリーが欲しい〟という人は、ぜひ覗いてみてください！　巨大なビルの中で、メインの見どころは地下1階。フロア全体にずらりと並ぶ無数ショーケースに、世界中から集まった宝石がキラキラと輝く光景だけでも一見の価値があります。ちなみにここは屋台同様、価格表示はなく、各店主の言い値。値切り交渉に自信がない人は特に、事前にネットなどで欲しい宝石の適正価格を調べておくと安心です。

Jewelry Trade Center

ジュエリー・トレード・センター

アジア最大級の宝石市場

宝石の卸売り店がずらりと並ぶ、いわば宝石専門のショッピングモール。上質な宝石が、日本と比べてリーズナブルな価格で手に入ります。

チャオプラヤー川周辺 MAP P.170 E-3
☎02-630-1000 🏠919/1 Silom Rd.
🕘10:00～19:00 🔒日曜 🚘BTSスラサック駅から徒歩10分

世界中の宝石が集まる♡

2日で完成！リング作りに挑戦

Zenehha Gems

ゼネッハ・ジェムズ

ココがイチオシ！

シンプルなデザインが人気

日本人好みのシンプルなデザインを取りそろえます。オーダーメイドは最短2日で完成。日本への発送も可能だそう。（送料は自己負担）

●ブースナンバー JB504
☎090-624-9154 カード 英語

1 色とりどりに輝く石は全て天然もの。なかでもクオーツやトパーズが人気だそう 2 スタッフは英語が堪能で、丁寧にアドバイスしてくれる

種類豊富で迷う！

STEP 1 ストーンを選ぶ

まずはカウンターで、リングを作りたいと伝えよう。好みの色や石の種類、予算に合わせておすすめの石を見繕ってくれる。

✦✦✦ JTC内の店の多くはカードを使えますが、手数料を請求されることも。

そのほかの一押しSHOPはココ!

一生ものののハイジュエリーを探すなら

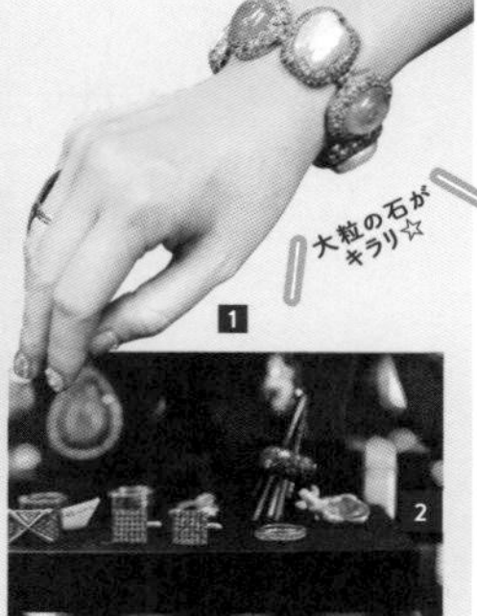

Cometrue Jewelry

カムトゥルー・ジェエリー

人と差がつくデザイン

大粒の石やパールを用いた、華やかなデザインが特徴。店内で一点ずつ製造しており、サイズ変更は1日、オーダーメイドは1週間ほど要します。

●ブースナンバー JB149
☎087-682-6327 カード 英語

1大粒のイエローサファイアやパール、ローズクオーツを連ねたブレスレット 5万B 2コーデのアクセントとして活躍しそうな、エッジの効いたデザインが多数 3ガラス窓で囲まれたショップを目指して 4デザイナーのアップルさん&スタッフのニンさん

シルバー×天然石のリングが500B～!

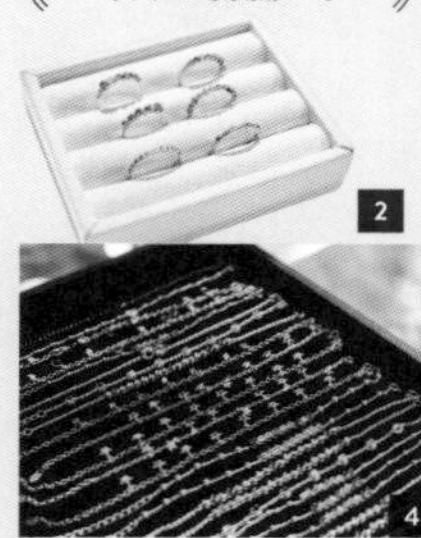

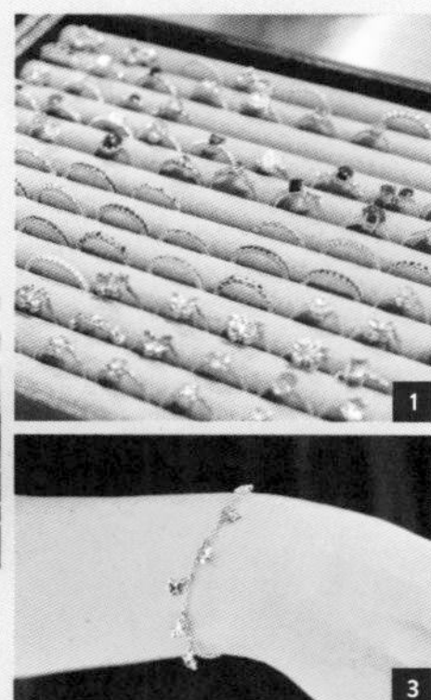

Cartoon Collection

カートゥーン・コレクション

小ぶりなデザイン派に◎

小ぶりなストーンをあしらった、繊細なデザインのジュエリーが並びます。約2000円から手に入るため、おみやげやプレゼントととしても◎。

●ブースナンバー JB1805
☎098-101-0656 カード 英語

1 2リングは1点500B～。天然石×シルバー925でこの価格は、なかなかお目にかかれない! 3 4ストーンが連なるブレスレットは800B～。ちなみにリング、ブレスレットともに、ゴールド、ピンクゴールドの場合はチタンコーティングだそう

STEP 2 リング本体を選ぶ

石を選んだら、お次はリング本体の色をセレクト。こちらのお店では、シルバー、ゴールド、ローズゴールドの3種類から選べます。

3色からセレクト

1リングの上に石を載せてみると、仕上がりをイメージしやすい 2リング本体は全て、チタン素材にコーティングを施したもの。もちろんサイズも調節してくれる 3試着しながらじっくり考慮

STEP 3 商品を受け取りに行く

完成品を受け取りに、再びお店へ。その場で試着し、サイズが間違っていないか、傷がついていないかなどをきちんと確認しましょう。

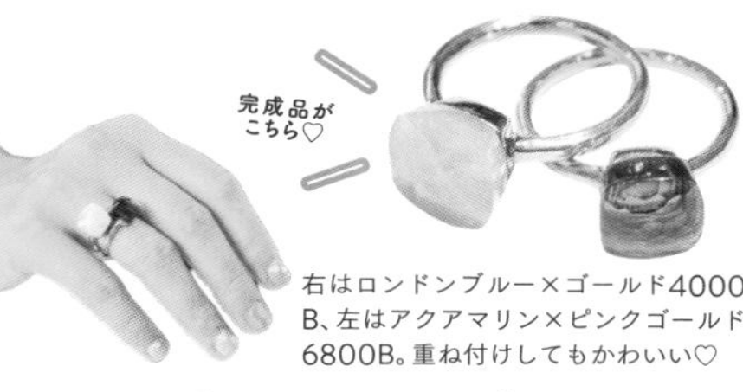

右はロンドンブルー×ゴールド4000B、左はアクアマリン×ピンクゴールド6800B。重ね付けしてもかわいい♡

既製品もたくさん

既製品も豊富にラインアップしており、気に入ったデザインがあれば、そのまま購入可能。ピアスは2000B～、リングは1800B～

BEST TIME 14:00

ナーラック(かわいい)♡なアイテム、そろってます。タイブランドで気分もシャレ感も上げてこー！

近年おしゃれなアパレルショップが続々と増えているバンコク。現地でも日本でも大活躍なアイテムがそろうイチオシがこちらです♡

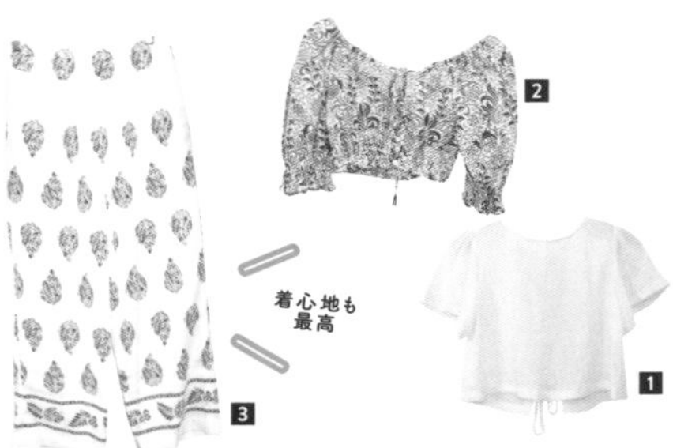

1エアリーなシルエットのブラウス3300B 2ショート丈×バルーンスリーブが♡なトップス3300B 3爽やかさ満点な配色のパンツ4300B

RICOCHET Boutique Terminal21

リコシェット・ブティック ターミナル21店

生地はALLリネン100%

ラグジュアリーなリゾートウエアをコンセプトに、日本製の上質なリネン生地を使用。全て手作りです。

スクンビット周辺 MAP P.169 B-1

☎02-051-6267 🏠88 Soi Sukhumvit 19 ターミナル21 3F 🕘8:00～17:00 🔒無休 🚗BTSアソーク駅直結 カード 英語

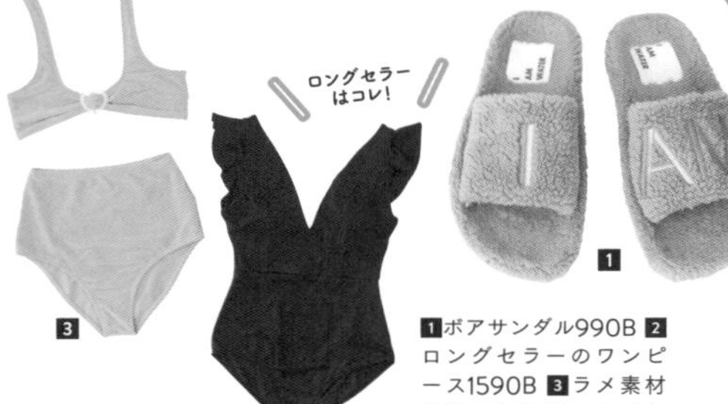

1ボアサンダル990B 2ロングセラーのワンピース1590B 3ラメ素材を使った最新コレクションのビキニはトップス990B、ボトム890B

waterandothers

ウォーターアンドアザーズ

おしゃれな水着を狙うなら

友人3人で立ち上げたスイムウエアブランド。かわいいのに甘すぎないデザインは、ファッション誌で引っ張りだこです。

アーリー周辺 MAP P.162 F-1

☎02-102-6698 🏠65/14 Soi Vibhavadi Rangsit 16 🕘11:00～19:00 🔒無休 🚗MRTラチャダピセーク駅から車で5分 英語

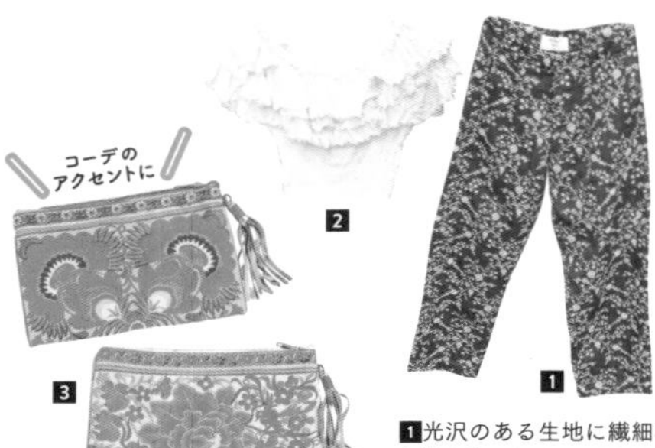

1光沢のある生地に繊細な刺繍を施したパンツ5000B 2リネンのオフショルトップス1000B 3鮮やかな刺繍のクラッチバッグ各650B

MOMO TALAT NOI

モモ・タラートノーイ

エキゾチックな柄がずらり

タイらしい刺繍やエキゾチックなプリントの生地を使ったアイテムが多数。店内のアトリエでALLハンドメイド。

チャオプラヤー川周辺 MAP P.170 D-4

☎083-530-1220 🏠928 Soi Wanit 2 🕘10:00～21:00 🔒月曜 🚗MRTフアランポーン駅から徒歩10分 カード 英語

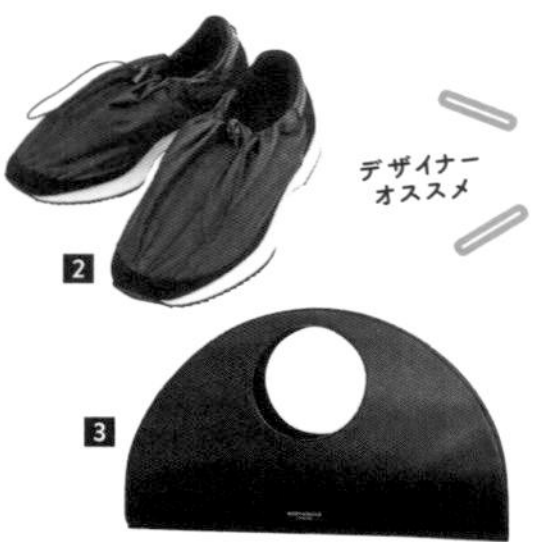
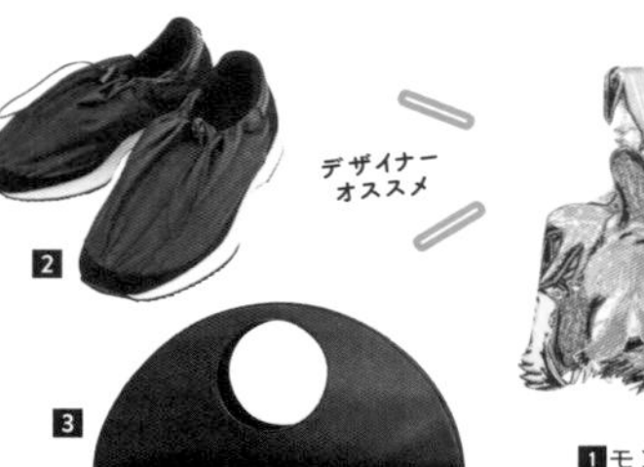

1モンスター柄のトップス8500B 2雨の日にビニール袋で靴を覆うタイの文化に着想を得たスニーカー6900B 3レザーバッグ8500B

GREYHOUND ORIGINAL SIAM PARAGON

グレイハウンド・オリジナル サイアム・パラゴン店

タイのファッションシーンを牽引

1980年にカジュアルウエアブランドとして創業。タイ独自の文化を取り入れた、独創的なデザインが特徴です。

サイアム周辺 MAP P.165 B-2

☎063-215-6133 🏠991/1 Rama I Rd. サイアム・パラゴン1F 🕘10:00～21:00 🔒無休 🚗BTSサイアム駅直結 カード 英語

✦✦✦ ショッピングモール内にある店舗の多くはTAX FREEに対応。会計時に聞いてみましょう。

1マネキン着用のトップスは4500B。右のラックはサスティナビリティに特化したコレクション 2ピンクのパンツは4300B、オレンジのパンツは4000B。S～Lの3サイズを展開 3最新コレクションのギンガムチェックシリーズは、ワンピース1890B、ビキニトップス890B、ボトム890B。サイアム・センターに無期限のポップアップショップも 4デザイナーのナッチャーさんは縫製の仕事をしながら独学でデザインを勉強。LGBTQ当事者として、愛やアートにインスパイアされているそう

BEST TIME
14:00

中華風デザインがかわいすぎる
ディープなチャイナタウン

1イラストがかわいいバー・ハオ・ティアン・ミー 2金行が立ち並ぶヤワラート通り 3中国のお菓子を扱うお店も 4緑に包まれたウォールフラワーズ・カフェ 5ワット・マンコン・カマラワート 6お昼はロンググランヌアで

✦✦✦ ウォールフラワーズ・カフェの斜め向いには、バーとホテルが融合したバー・ハオ・レジデンス(P.156)があります。

ノスタルジックな中華街をお散歩してみる

MRTワットマンコン駅を降りたら、そこはレトロなチャイナタウン。この街のシンボルは、ヤワラート通りに約130軒のお店が立ち並ぶ"金行"です。中国系の人たちは財産を金で持つことから、金製品を売買する金行が現在も軒を連ねています。赤や金色のギラギラな看板がずらりと並び、多くの人々やバイク、車が行き交う様は、まさにエネルギッシュ。周辺は味がハイレベル&リーズナブルな中華料理店や屋台、問屋街などもあり、一日中にぎやかです。

そんな多くのお店がひしめき合うチャイナタウンは、中華系スイーツがおいしいカフェや路地の先に現れる食堂など、気になるお店の宝庫！ 歩いて探検しながらお気に入りのスポットを探してみてはいかがでしょうか？

14

B Wat Mangkon Kamalawat
ワット・マンコン・カマラワート／龍蓮寺

厄除けにご利益あり！

バンコク最古と言われる中国の仏教寺院。3体の釈迦如来像と58の神々が祀られています。

チャイナタウン MAP P.170 D-1
432 Charoenkrung Rd. 8:00～16:00(土・日曜は～17:00) 無休 拝観自由 MRTワットマンコン駅から徒歩3分

タイル装飾が素敵！

A Ba Hao Tian Mi
バー・ハオ・ティアン・ミー

中華系プリンを食べ比べ♡

レトロ＆キッチュなお店で約9種類のプリンや香港ミルクティー88Bを味わえます。トンロー店ではランチメニューも提供しています。

チャイナタウン MAP P.170 E-1 097-995-4543 8 soi Phadung Dao Yaowarat Rd. 10:00～22:00 無休 MRTワットマンコン駅から徒歩3分 英語

甘さ控えめがうれしい

1 マンゴー・プリン128B 2 宇治抹茶あずきプリン148Bやタピオカ・ミルクティー・プリン118Bもおすすめ

チャイナタウンMAP

Wat Mangkon Kamalawat / Ba Hao Tian Mi / Wallflowers Cafe / Rongklannuea / Wat Mangkon St. / Mangkon Rd. / Yaowarat Rd. / Rama IV Rd. / Song Wat Rd.

D Rongklannuea
ロンググランヌア／牛面王

絶品ビーフヌードル

築約100年の建物で牛肉の煮込み料理を提供。おすすめは皇帝紅焼牛肉湯+油条(全部のせビーフヌードル+揚げパン)270B。

チャイナタウン MAP P.170 D-2
063-830-6335 937/939 Song Wat Rd. 10:00～20:00 無休 MRTワットマンコン駅から徒歩10分 英語

つるっとした細麺が美味

1 米粉配紅焼牛肉和+油条(汁なし細麺ビーフヌードル+揚げパン)170B 2 ロンガン・ジュース45B

C Wallflowers Cafe
ウォールフラワーズ・カフェ

お花がテーマのカフェ

ドライフラワーをあしらったアンティーク調の店内で、エディブルフラワーを使ったスイーツを楽しめます。夜はバーに早変わり！

チャイナタウン MAP P.170 F-1
094-671-4433 31-33 Soi Nana Khwaeng Pom Prap 11:00～18:00(バーは17:30～24:00) 無休 MRTワットマンコン駅またはフアランポーン駅から徒歩8分 カード 英語

1 1階のカフェスペース 2 フルーツタルト200Bとオレンジベースのモクテル、エデン・サマー250B

BEST TIME

14:00

カメラ片手にお散歩するのが楽しい

レトロな旧市街散策

Buddha & Pals

ブッダ＆パルス

CAFE

ノスタルジックなカフェ

昼間はカフェ、夜はバーとして営業。まるでカクテルのようなおしゃれなコーヒーメニューがおすすめです。週末はジャズライブも開催。

王宮周辺 MAP P.162 E-2
☎061-585-9283 🏠716 Krungkasem Rd. 🕘カフェ10:00～18:00、ジャズバー18:00～24:00 🔒月曜 🚗MRTサムヨート駅から車で5分 英語

スクランブルエッグとスモークサーモンのオープンサンド340Bなど軽食も

✦✦✦ ドリンクはザ・ブレックファスト・イン・シシリー（オレンジ・コーヒー）140Bが人気。

古くて新しい
バンコクに出合える

北・西・南をチャオプラヤー川に囲まれた旧市街は、1782年のチャクリー王朝（現王朝）成立をきっかけに形成された街。路地に入れば代々そこに暮らしてきた人たちの生活が垣間見えるローカルな地域ですが、近年はおしゃれなカフェも登場。バンコクの新旧の魅力を感じながら歩いてみては？

1 豚肉の海南ヌードル（カノムジーン・ハイラム・ムー）70B 2 汁なし＆牛肉のカノムジーン・ハイラム70B

LUNCH

Sutathip
スタティップ

海南料理が絶品の食堂

中国から移住した初代店主がオープンした、100年以上の歴史を持つ老舗。パッウンセンハイラム（海南風春雨炒め）200Bなどの海南料理を味わえます。

王宮周辺 MAP P.162 E-2 ☎02-282-4313 🏠338-342 Damrongrak Rd.(Soi Damrongrak Naris Damrat Bridge) ⏰8:00～15:00 🔒月・火曜 🚗MRTサムヨート駅から車で5分

STREET

Nakhon Sawan Road
ナコン・サワン・ロード

ピンクの建物が立ち並ぶ

ナコン・サワン通りは、年季の入ったピンク色のショップハウスが両脇に並ぶフォトジェニックなストリート。路地に入ると100年以上の歴史があるというナンルーン市場があります。

王宮周辺 MAP P.162 E-2

かわいいお供え物発見！

老舗が多いナンルーン市場。最もにぎわうのはランチどき

VIEW SPOT

Wat Saket
ワット・サケット

丘の上に立つ絶景寺院

14～18世紀のアユタヤ王朝時代からある寺院。後年造られた丘の頂上に仏塔があり、360度見渡せる屋上からバンコクの街並みを一望に。

王宮周辺 MAP P.162 D-2 🏠344 Thanon Chakkraphatdi Phong ⏰7:00～19:00 🔒無休 料100B 🚗MRTサムヨート駅から徒歩15分

仏塔がある屋上へは344段の階段で

カゴのお店。なんとなくジャンルごとに集まっている
屋外にもお店がずらりと並んでいる
細い路地が続く市場内

BEST TIME
14:00 巨大すぎて迷子必至!? 土日限定のチャトゥチャック市場が楽しすぎる!

市場のコツ

- インフォメーションでフロアMAPがもらえる
- エアコンがないので水分補給はこまめに
- スリや置き引きに注意!

「まずはタイのおみやげまとめ買い!」

布雑貨や器、マグネットなど、バラマキみやげにちょうどいいアイテム。まとめ買いで値引きしてもらえるかも♪

タイ料理のミニチュア

4

3

3 ドリアンのマグネット(中)65B 4 マンゴーともち米のスイーツ、カオニャオ・マムアンのミニチュア(小)55B(セクション⑬)

定番布アイテム

1

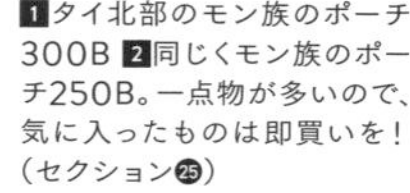
2

1 タイ北部のモン族のポーチ300B 2 同じくモン族のポーチ250B。一点物が多いので、気に入ったものは即買いを!(セクション㉕)

ファッションアイテム

刺繍がかわいいシューズやサンダルは270B程度(セクション㉑-㉔)

5
6

5 6 ホーローのお弁当箱は昔ながらのニワトリ柄525Bやパステルカラー235Bなどいろいろ 7 食堂やカフェなどで見かけるホーローのトレイ135B。サイズ展開豊富(セクション㉕)

ホーローの食器

7

ベンジャロン焼

タイ伝統の陶磁器も充実。390 ～ 490B程度(セクション⑮)

✦✦✦ 古着やデニムが集結するのはセクション⑤～⑥、アートや絵画はセクション⑦にあります。

ベンジャロン焼のお店。色柄のバリエ豊富

おしゃれなグルメみやげのお店を発見！

買えないものはない!? タイみやげの宝庫へ

定番みやげからインテリア、アパレル、ペット(!?)まで買える巨大市場。市場内はセクション(地区)とソイ(路地)の番号が付いており、まるで小さな街のよう。ぐるぐる回りながら掘り出し物を探して。

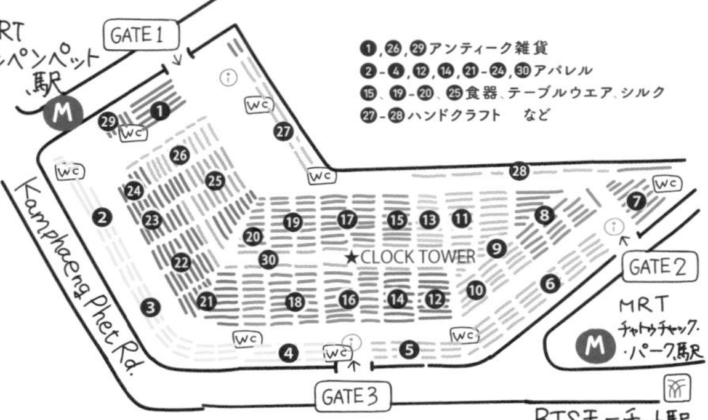

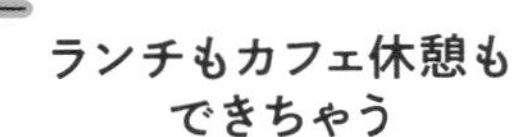

「ランチもカフェ休憩もできちゃう」

市場内には屋台や食堂も多数。休憩しながらじっくり買い物できる。

グリーンカレー 80Bなどタイ料理を(セクション❷)

「グルメみやげも大量ハント」

スパイスやハーブの専門店でおうちタイ料理が楽しめるアイテムを。

カレーやトムヤムクンなどタイ料理の素80Bのほか乾燥ホーリーバジル110Bが人気(セクション⓫)

ティーンに人気のエリアでタイの流行アイテムをゲット

「若手クリエーターによるアパレルも！」

セクション❷～❹には若手クリエーターのショップが集まります。

大ぶりがかわいいタッセルピアスは1組280Bでデザイン豊富

Chatuchak Weekend Market
チャトゥチャック・ウィークエンド・マーケット

チャトゥチャック周辺 MAP P.162 E-1
☎店舗により異なる 🏠Kamphaengphet Rd. ⏲9:00～18:00(店舗により異なる) 🔒月～金曜 🚗MRTカンペンペット駅またはチャトゥチャックパーク駅またはBTSモーチット駅から徒歩5分

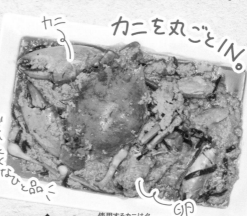

アロイ マーク(めっちゃウマイ!)

aroi maak!!

定番タイ料理を制覇する?

ランチにぴったりのローカルフード

魚の形の鍋で!!

フエダイの醤油蒸し
Steamed Seabass with Soy Souce
600B

さっぱりした醤油ダレと大盛りのネギが好相性

Puu Pad Pong Curry

ปูผัดผงกะหรี่

プーパッポンカリー

タイ語で「プー」はカニ、「パッ」は炒める、「ポンカリー」はカレー粉を意味します。たっぷりの卵と共に炒めており、真っ赤な見た目ながら辛さ控えめで、まろやかな味わいです。

カニ

カニを丸ごとIN。

ぜいたくなひと品に

卵

カニのカレー炒め S
Fried Curry Crab
550B

使用するカニはタイ産。ほぐした身を使った、殻なしバージョンも

SOMBOON SEAFOOD Surawong

ソンブーン・シーフード スラウォン店

カニのカレー炒め発祥の店

1969年創業の老舗。名物のプーパッポンカリーは、9割以上の人が注文するそう。シーフード料理をメインに豊富なメニューがあり、どれを食べてもおいしいと評判です。

シーロム周辺 MAP P.167 B-2 ☎02-233-3104 🏠169/7-12 Surawong Rd. ⏰11:00～22:00(LO21:30) 🔒無休 🚗BTSチョンノンシー駅から徒歩5分 カード 英語

Dim Sum

ติ่มซำ

ディムサム

シャングリラ・ホテルの中華の名店「香宮」で料理長を務めたイップさんが作る絶品ディムサムをお手頃価格で味わえると評判。

上海小籠包
Shanghai Xiao Long Bao
50B

肉汁がジュワッとあふれる一番人気メニュー

海老焼売
Steamed Shrimp Dumpling 50B

プリップリのエビがたっぷり入った焼売

Tuang Dim Sum

トゥアン・ディムサム

オープンと共に満席に!

チャオプラヤー川周辺 MAP P.162 D-3 ☎089-603-0908 🏠Soi 89, Charoen Krung Rd. ⏰8:00～15:00 🔒月曜 🚗BTSサパーンタクシン駅から車で5分 英語

Khao Man Gai

ข้าวมันไก่

カオマンガイ

鶏スープで炊いたご飯の上にゆで鶏がのったチキンライスは、辛い物が苦手な人におすすめしたいタイ料理。トップのゆで鶏はフライにも変更でき、ハーフ&ハーフという選択肢も!

カオマンガイ(ゆで鶏&揚げ鶏)
Boiled and Fried Chicken with Rice
50B

しっとりゆで鶏とサクサク揚げ鶏、いいとこ取りのカオマンガイ。スープ&特製タレ付き

Kuang Heng Pratunam Chicken Rice

クアン・ヘン・プラトゥーナム・チキンライス

通称"緑のカオマンガイ"!

サイアム周辺 MAP P.164 D-1 ☎02-251-8768 🏠930 Petchburi Rd. ⏰6:00～24:00 🔒無休 🚗BTSチットロム駅から徒歩10分 英語

ムーガタ（シーフード&ポーク）
Thai Style Pork & Seafood BBQ Medium with Vagetable Set
499B

各部位の豚肉、野菜、魚介、春雨などのセット。生卵は溶いて鍋に投入する

キノコのフライ
Fried Enoki Mushroom with Tamarind Sauce
129B

キノコのフライを酸味のあるタマリンドソースでいただく

シーフード&インスタントラーメンのサラダ
Spicy Seafood Salad with Thai Instant Noodles
179B

ゆでた乾麺をシーフードと味わうタイ風サラダ

Mookata

หมูกะทะ

ムーガタ

焼き肉としゃぶしゃぶを合体させた料理。真ん中の鉄板で焼肉、周りのくぼみ部分でしゃぶしゃぶをするという専用鍋を使います。焼き肉の脂が鍋に流れていいダシに。

Everyday Mookrata Cafe & Bar Riverside

エブリデイ・ムーガタ・カフェ&バー・リバーサイド

チャオプラヤー川ビューも魅力

カフェのようなおしゃれな空間で、お昼からムーガタを味わえると若者の間で話題のお店。ムーガタ以外のサイドメニューも豊富で、テラス席は眺望も抜群。

チャオプラヤー川周辺 MAP P.170 E-4
☎063-969-3320 🏠23 Charoen Krung Soi 24 リバー・シティ・バンコク1F 🕘13:30～24:00（カフェは10:00～）🔒無休 🚗MRTフアランポーン駅から徒歩15分 英語

Pad Kaprao

กะเพรา

ガパオライス

"ガパオ"はホーリーバジルのこと。鶏や豚などの挽き肉を、バジルやナンプラーと一緒に炒めてご飯にON!

目玉焼きをトッピング♡

アヒルの卵の目玉焼きを贅沢に2個トッピング

ガパオライス（ポーク）
Stir Fried Basil (Pork) + Extra Egg
129B+20B

辛さのチョイスは自由自在～♫

Phed Mark

ペッド・マーク

辛さを5段階から選べる

タイのフードブロガーが手掛けるガパオライス専門店。ガパオは鶏・豚・牛肉など8種類から選べます。小さな店内はすぐに満席になるので、店の外で待ちます。

スクンビット周辺 MAP P.168 E-3
☎083-893-8989 🏠300 Sukhumvit Rd. 🕘10:00～19:00 🔒無休 🚗BTSエカマイ駅から徒歩3分 英語

Hoi-Tod

หอยทอด

ホイトート

米粉や小麦粉、卵を溶いたサラッとした生地を、貝などの具と共に鉄板でカリッと焼き上げたもの。屋台料理の定番メニュー。

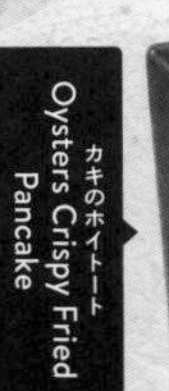

カキのホイトート
Oysters Crispy Fried Pancake
130B

小ぶりのカキがたっぷり。プリプリ食感が◎。具材はエビやイカのバージョンも

Hoi-Tod Chaw-Lae ThongLor

ホイトート・チャウレー・トンロー

ホイトートのローカル食堂

店先の鉄板で焼き上げるできたてのホイトートを味わえます。隠れた人気メニューは鉄板焼きのパッタイ80B～。ホイトートと同じカリカリの生地付き。

スクンビット周辺 MAP P.168 E-3 ☎085-128-3996 🏠25 Soi Sukhumvit 55 Rd. 🕘8:00～20:00 🔒無休 🚗BTSトンロー駅から徒歩2分 英語

✤バンコクの昼にまつわるエトセトラ✤

MID-DAY TIPS

サイアム駅前

Siam Paragon
サイアム・パラゴン

バンコク屈指の巨大フードコート「パラゴン・フードホール」があります。地下には屋内型水族館もあり、一日中楽しめる!?

サイアム周辺 MAP P.165 B-2

ショッピングセンター

ศูนย์การค้า

まだまだある！ バンコクの充実S.C.

バンコクは大型ショッピングセンターが目白押し！ 最新アパレルをはじめ、広大なフードコートやスーパー、レストランフロアなど、どの施設も充実。もちろんエアコン完備なので、休憩がてら立ち寄るのも◎。

プロームポン駅前

EmQuartier
エムクオーティエ

海外のハイブランドからドメスティックブランドのファッションアイテムまでそろう、高感度な高級デパート。

スクンビット周辺 MAP P.169 C-2

チットロム駅前

Central World
セントラル・ワールド

500店以上のショップが集まる大型モール。敷地内では屋台や露店など常時イベントが行われ、にぎやかな雰囲気です。

サイアム周辺 MAP P.165 C-2

アソーク駅前

Terminal 21
ターミナル21

空港のターミナルをイメージ。フロアごとに異なるインテリアは、東京・パリなど世界の都市をモチーフにしています。

スクンビット周辺 MAP P.169 B-1

タイのドラマ

ละครโทรทัศน์

沼にハマる人続出！ ドラマの聖地めぐりしてみる？

近年、世界中で大ヒット中のタイドラマ。特に有名な『TharnType』や『2gether』はTwitterの世界トレンド1位に輝くほどの人気！ 作品の多くはバンコクで撮影しており、シーン映えするスポットが続々と登場します。

Spot5

Amphawa Floating Market
アンパワー水上マーケット

BLドラマ『Together With Me』や、『SOTUS』で大ブレイクしたKristさんが出演する『Love Beyond Frontier』などに登場。

P▶092

Spot2

Mahanakhon Skywalk
マハナコーン・スカイウォーク

ガラスの床を見下ろすと、BLドラマ『KinnPorsche』で分家が住んでいた家「ザ・ハウス・オン・サートン」が。天空からロケ地を眺めることができます。

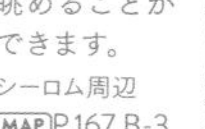

シーロム周辺 MAP P.167 B-3

Spot4

Hua Lamphong Station
フアランポーン駅

BLドラマ『Theory Of Love』のロケ地。100年以上の歴史があります。

チャイナタウン MAP P.170 F-1

Spot1

ICONSIAM
アイコンサイアム

『花より男子』をリメイクした『F4 Thailand／BOYS OVER FLOWERS』で、F4が買い物する定番スポット。

P▶044

Spot3

So Heng Tai
ソー・ヘン・タイ

登場するのはBLドラマ『Our Skyy』。邸宅のアイコニックなプールサイドでドリンクを飲むシーンが。

P▶067

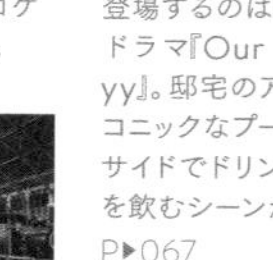

交通アクセス

ขนส่งมวลชน

乗り方をマスターして効率よく街をめぐる！

バンコクは電車の路線網が充実しているので、メインの交通手段は電車がおすすめ。近くに駅がない場所へはGrabバイクが便利です。タクシーは渋滞の影響が大きく、バイクタクシーは料金交渉が必要というハードルが。

バスの乗り方

路線が複雑なバスですが、グーグルマップで行き方の検索が可能です。

❶ バス停で待つ

グーグルマップなどで乗り場や路線、降車場所をあらかじめ確認し、バス停でバスを待つ。

❷ バスに乗る

車体に書いてある路線を確認してから乗車し、車内で支払いをする。距離制の場合と定額の場合がある。

❸ バスを降りる

車内の掲示でバス停の名前を確認する。降りたいバス停の手前でボタンを押して降車を知らせる。

時間は全く読めない(汗)

Grabの乗り方

まずはアプリをダウンロード。クレジットカード登録は現地に入る前にする必要あり。

❶ 行き先を設定

アプリを起動し「Transport」を選択。現在地を確認してから行き先を設定する。名称で検索するか、地図上でポイントを落とす。

❷ ドライバーを待つ

車種や料金、待ち時間が表示されるので、最適なものを選んで確定。支払い方法は現金またはクレジットカードを事前に選択できる。

❸ 乗車して目的地へ

ドライバーが到着したらナンバーを確認して乗車。現金払いの場合、到着したら支払いをする。

グラブバイクは渋滞知らず

電車の乗り方

電車は主にBTSとMRTの2種類があります。P.161の路線図も参考にして。

❶ 乗車券を買う

駅構内にある自動券売機または窓口で乗車券を購入する。券売機は紙幣やカードが使えないものもある。

❷ 改札に入る

カードまたはトークンをかざして改札を通る。

❸ ホームに行き乗車

行き先を確認してホームに移動。乗車する。

❹ 改札を出る

一回券は回収されるので、カードまたはトークンを改札に投入。回数券の場合はかざすだけでOK。

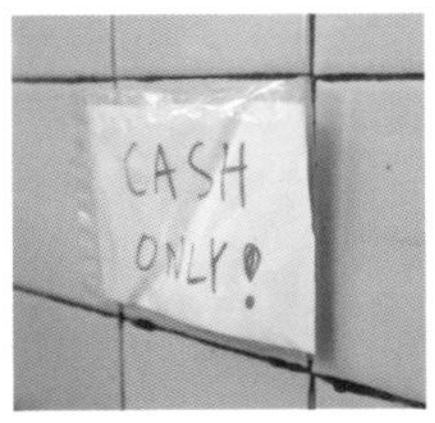

お金

เงิน

タイはまだまだ現金主義

ローカル食堂や個人経営のお店は現金のみのところが多いので、最低限の現金は必要です！

テイクアウト

เอากลับบ้าน

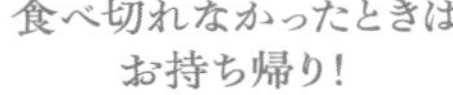

食べ切れなかったときはお持ち帰り！

タイのほとんどの飲食店はテイクアウト可能。食べ残した料理を包んでもらうことも一般的です。

フルーツ

ผลไม้

現地で食べられる南国フルーツをチェック

常夏のタイでは、一年中南国フルーツを味わえます。市場やスーパーで手軽に手に入る、代表的なフルーツがこちら。季節により旬が異なるものもあります。

マンゴー（マムアン）

ドリアン（トゥリアン）

ランブータン（ンゴ）

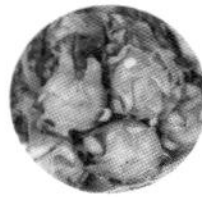

ドラゴンフルーツ（ゲオマンゴン）

バナナ（クルアイ）

マンゴスチン（マンクッ）

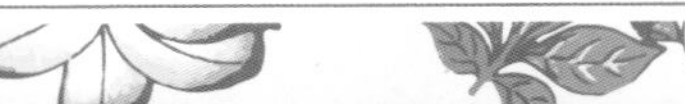

BANGKOK THE BEST TIME

IN THE

Afternoon

15:00 - 17:00

気温が最も高い午後はちょっと小休止。素敵なカフェでひと休みしましょう。豪華なアフタヌーンティーがあるカフェや、南国フルーツを満喫できるカフェなど、選択肢に困ることはありません。涼しい店内でお買い物を楽しんだり、スパで癒されるのもおすすめです。

カペラ・バンコク（P.82）のアフタヌーンティーはプレゼンテーションも空間も最高。セレブ気分を味わって！

はココ

リアルBUYリスト

マストで買いたいのは、タイならではのエスニックな布雑貨！ 自分用に欲しいインテリアやアパレル、おみやげに最適な小さめサイズのポーチも。

2㎝くらいの刺繍のチャーム1個55B。ピンで服やバッグに留めるとかわいい！ B

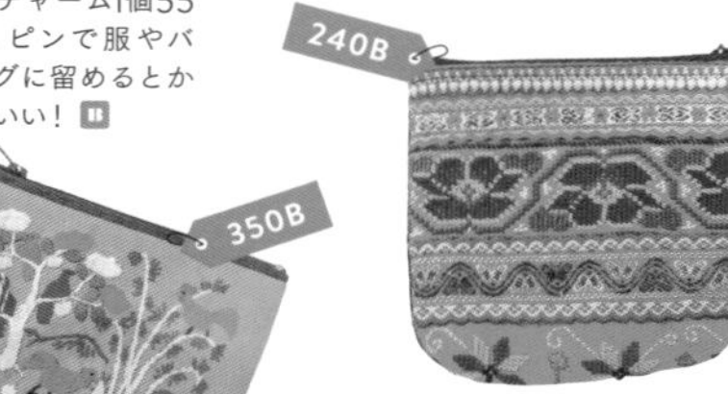

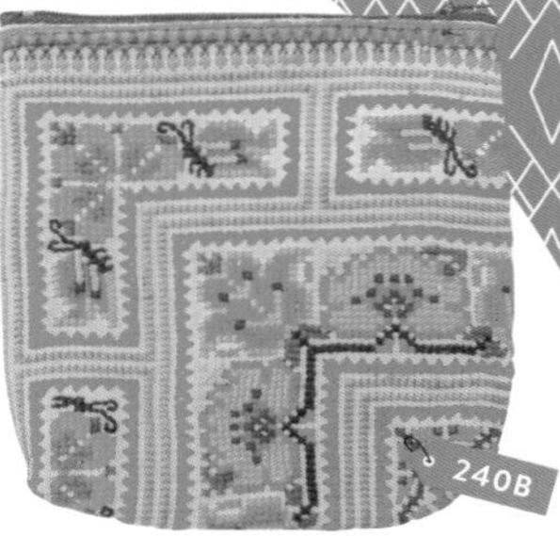

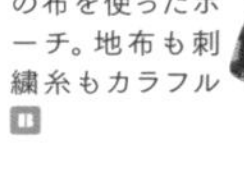

モン族の手刺繍の布を使ったポーチ。地布も刺繍糸もカラフル B

モン族の刺繍をあしらったポーチ。デザインはひとつひとつ異なる B

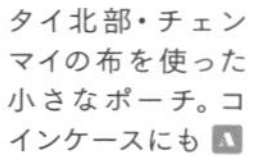

タイ北部・チェンマイの布を使った小さなポーチ。コインケースにも A

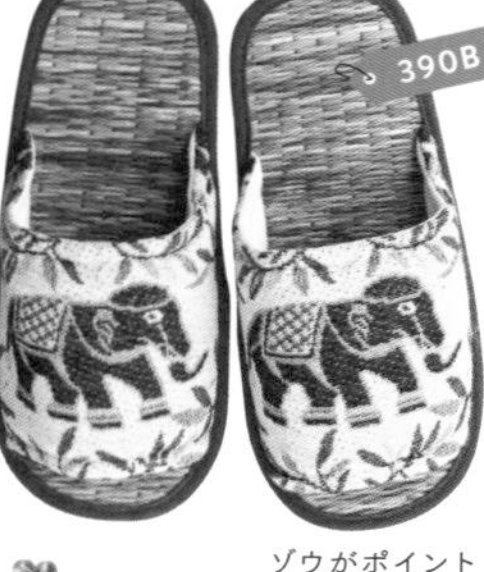

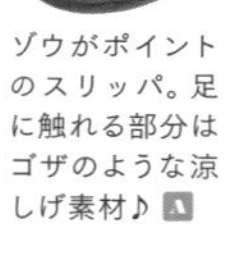

ゾウがポイントのスリッパ。足に触れる部分はゴザのような涼しげ素材♪ A

藍染めの布を使ったゾウのぬいぐるみ。柄違いも豊富にそろっている A

アパレルはメンズ・レディース、ユニセックスがラインナップ A

スマホやパスポートをすっきり収納できるショルダーバッグ A

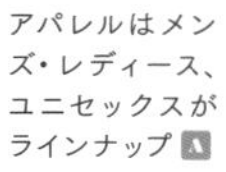

毛糸のようなフワフワ素材の刺繍がかわいいがまぐちポーチ A

B KOON asian ZAKKA

クーン・アジアン・ザッカ

コレも買える！
- ☑ サンカローク焼 P▶069
- ☑ アンティーク雑貨
- ☑ Tシャツ

店内はまるで宝箱のよう！

タイ人と日本人のオーナーによる雑貨店。布アイテムをはじめ、オリジナルのTシャツやアンティークの食器など、店内には所狭しとアイテムが並んでいます。宝探し気分で買い物を楽しんで。

スクンビット周辺 MAP P.168 D-2 ☎094-438-3819 🏠2/29 Sukhumvit 41 Rd. ⏲10:00～18:00 🔒水曜 🚗BTSプロームポン駅から徒歩5分 カード 日本語 英語

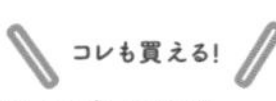

A Armong Shop

アーモン・ショップ

コレも買える！
- ☑ アクセサリー
- ☑ 洋服
- ☑ インテリア

タイ北部の布アイテムが充実

少数民族・モン族のデザイナー、アーモンさんの店。チェンマイ伝統の布や藍染めなどを扱っています。日本語が上手なタイ人スタッフがいる日も。

スクンビット周辺 MAP P.169 C-2 ☎083-777-2357 🏠Sukhumvit 31 Rd. RSUタワー 1F ⏲11:00～19:00 🔒無休 🚗BTSプロームポン駅から徒歩6分 カード 日本語 英語

✦✦✦ アーモン・ショップはチャトゥチャック・ウィークエンド・マーケット(P.56、65)にも店舗あり。

大量ハントできる有能ショップ タイの布アイテム、

「トムヤムクン」などタイ料理の名前がタイ語で書かれたトートバッグ C

330B

330B

コロンとしたフォルムが◎

200B

タイ北部の少数民族の布を張った裁縫用の針山。インテリアにも C

カレン族の草木染の手織布を使ったクッションカバー。鮮やかな色合いが特徴 C

500B

色＆柄違いもあるよ

リゾート風ファッション

270B

甲の部分に刺繍の布を使ったビーチサンダル。足で踏む部分も布製 D

320B

柄入りの地布にカラフルな刺繍。コスメが入る大きさなのでトラベルポーチに D

各100B

各180B

パーヤントと呼ばれる布製の護符を用いたミニバッグ。蛍光色がかわいい D

真ん中にカラフルな少数民族の布をあしらったポーチ。周りの布との色の組み合わせが絶妙！ ティッシュやリップなど小物が入るサイズ C

D Chatuchak Weekend Market

チャトゥチャック・ウィークエンド・マーケット

コレも買える！

- 食器
- 雑貨
- アパレル

週末限定の巨大マーケット

土・日曜のみ開催される、小さなお店が大量に集まるマーケット。タイらしいデザインの布雑貨も豊富で、まとめ買いに最適。ディスカウントもアリ。

チャトゥチャック周辺 MAP P.162 E-1

P▶056

C Lofty Bamboo

ロフティー・バンブー

コレも買える！

- アパレル
- インテリア
- コスメ

多彩なアパレルアイテムが評判

日本人のオーナーご夫婦が営む雑貨店。布雑貨や洋服、バッグ、アクセサリーなどほとんどのアイテムはオリジナルデザイン。デュー(P.73)の商品も。

スクンビット周辺 MAP P.169 C-2

☎02-261-6570 🏠2F 20/7 Sukhumvit 39 Rd. 🕘9:30～18:30 🔒無休 🚗BTSプロームポン駅から徒歩5分 カード 日本語 英語

BEST TIME

15:00

レトロなムードに気分が高まる大注目エリア

タラートノーイのおしゃれカフェをはしご！

華僑の貿易拠点として発展した、当時の町並みが色濃く残るタラートノーイ。独創的な飲食店やショップが並ぶ、タイの若者たちの間でホットなエリアです。

1

2

3

■1世界各国の茶葉を独自にブレンド。香りを高めるために、サイフォンで抽出。シグネチャー・ティー250B ■2 5種類のフレーバーから選べる濃厚なタイ・ミルクティー120B ■3ドリンクを提供するグラスや店内に飾られたシャツ、小物、などはオーナーによるデザインで、購入も可能

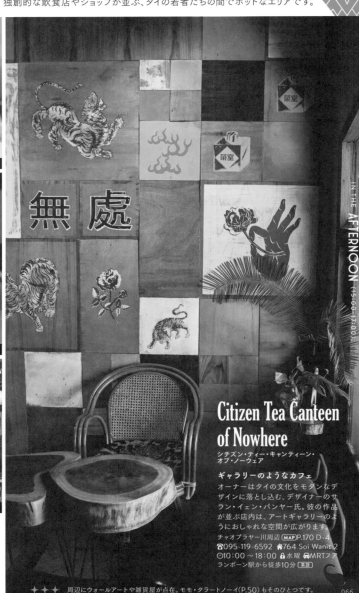

Citizen Tea Canteen of Nowhere

シチズン・ティー・キャンティーン・オブ・ノーウェア

ギャラリーのようなカフェ

オーナーはタイの文化をモダンなデザインに落とし込む、デザイナーのサラン・イェン・パンヤー氏。彼の作品が並ぶ店内は、アートギャラリーのようにおしゃれな空間が広がります。

チャオプラヤー川周辺 MAP P.170 D-4
☎095-119-6592 🏠764 Soi Wanit 2
⏰10:00～18:00 🔒水曜 🚇MRTファランポーン駅から徒歩10分 英語

✦✦✦ 周辺にウォールアートや雑貨屋が点在。モモ・タラートノーイ(P.50)もそのひとつです。

1店内のいたる所に、店主のアンティークコレクションが 2スイーツはココナッツアイス150Bやマンゴー＆スティッキーライス200Bなどがラインアップ。ドリンクは100B ～

チャオプラヤー川を一望する贅沢な景観

Baan Rim Naam

バーン・リム・ナーム

オープンエアーなカフェ

チャオプラヤー川沿いのカフェ。座布団が並ぶスペースでは、靴を脱いでくつろげます。週末の夜はライブ演奏も開催。

チャオプラヤー川周辺 MAP P.170 D-4 ☎085-904-6996 🏠378 Soi Wanit 2 🕘12：00 ～22：00 🔒月～水曜 🚗MRTフアランポーン駅から徒歩10分

So Heng Tai

ソー・ヘン・タイ

歴史を感じる古民家カフェ

240年以上の歴史を誇る、重要文化財の邸宅。ここで暮らす8代目の家族が提供するカフェメニューを、敷地内を散策しながら楽しめます。

チャオプラヤー川周辺 MAP P.170 D-4 ☎091-870-0618 🏠282 Soi Wanit 2 🕘9：00 ～18：00 🔒月曜 🚗MRTフアランポーン駅から徒歩10分 英語

1中央に位置するプールは、オーナーが営むスキューバダイビングのレッスンに使われているそう 2邸宅の2階にはテーブル席も。ドリンクは各種100B前後。観覧のみは50B

どのデザインが好み？伝統食器を買いに行く

タイでおなじみの食器をおみやげに持ち帰り、おうちタイ料理してみたい！ということで、タイの食器を一式そろえるべく、どんな器があるのかリサーチしてみました。

ローカルな食堂で使われる普段使いの器、王室に愛された美術品のような器など、そのスタイルはさまざまですが、今回チョイスしたのは〝ベンジャロン焼〟、〝サンカローク焼〟、〝ブルー＆ホワイト〟の3種類。同じデザインで形違い＆色違いをそろえられるので、セットで買いたくなるものばかり。器好きさんはぜひ、大きめスーツケースで挑んでほしい！

IN THE AFTERNOON (15:00-17:00)

BEST TIME 15:00

エキゾチックな伝統工芸がかわいい！

タイの食器を大量入手

タイの国花がモチーフ

小物入れは取っ手なしバージョンも

フタ付き小物入れ各500B。直径約6cmでアクセサリー入れにぴったり

ベンジャロン焼

アユタヤ王朝時代に作られ宮中で使われていたもの。ガルーダや花、炎などの繊細な柄に金の縁取りが施されています。職人の高い技術が必要。

色違いでほしくなる！

持ち手の部分の柄がポイントのれんげ350B。箸置きも人気

小物入れにもちょうどいい

直径9.5cmの平皿は各250B。アクセサリートレイに使いたい

湯飲みやタンブラーなど使い勝手がいいフリーカップ1000B

脚付きビールグラス1800Bはお祝いの品としても喜ばれそう

Thai Isekyu

タイ・イセキュウ

職人が手描きする正統派

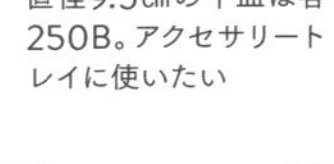

食器、花器、茶器など多彩な商品をそろえるベンジャロン焼の専門店。土曜日以外は店内で職人が絵付けの実演をしており、制作の過程も見られます。

スクンビット周辺 MAP P.169 A-1

☎02-252-2510 1/16 Sukhumvit 10 Rd. 9:00～16:00 日曜 BTSアソーク駅またはナーナー駅から徒歩5分 カード 英語

✦✦✦ タイ・イセキュウは、現金なら1000B以上購入で5%割引、5000B以上購入なら10%割引になります！

マグカップ75B、脚付きのお皿89B、小皿35B

ブルー&ホワイト

白地に青色の絵付けを施した陶磁器は、通称“ブルー＆ホワイト”と呼ばれています。柄のモチーフはパイナップル。手描きなので、ひとつひとつ風合いが異なるのが素敵です。

1 フタ＆ソーサー付きのマグカップ199B 2 フタ付き＆受け皿付きのお皿169B。湯飲みとして使うのもかわいい

こんな食器も

3 ニワトリ柄の陶器の平皿45B。パスタ皿などに 4 屋台などでも使われるプラスチックのお皿も。平皿15Bなど

ローカル食堂気分で♪

平皿210Bは普段使いの器に

サンカローク焼

タイ北部のシーサチャナライで13世紀後半頃から作られていた陶器のことで、現在では生産量の少ない貴重なもの。魚や植物などの素朴な絵付けが特徴です。

ぽってりとした手触りのいいマグカップ各450B。カラーバリエーションは2パターンあり

こんな食器も

1 ローカル食堂でおなじみのニワトリの絵付けのボウル各95B 2 レトロなヴィンテージグラス各135B

Baan Charm
バーン・チャーム

中心部からひと足のばして

中心部から少し離れたバンワーにある食器店。オープンエアの広大な店内に大量の食器が並ぶ様はまるで問屋のよう。空調はないので熱中症に注意。

バンコク西部 MAP P.162 D-3
☎02-455-9255 🏠356 Kanlapaphruek Rd. 🕘9:30～19:00
🔒無休 🚗MRT・BTSバンワー駅またはBTSウッタカート駅から車で10分
英語

KOON asian ZAKKA
クーン・アジアン・ザッカ

絵付け体験もできる!

バンコクでサンカローク焼を扱う貴重なお店。商品を買えるだけでなく、絵付け体験もできます。お皿は700B～で予約可能(焼き上がりまで1カ月)。

スクンビット周辺 MAP P.168 D-2
P▶064

BEST TIME 15:00 IN THE AFTERNOON (15:00-17:00)

花×スイーツって最強でしかない！ フローラルカフェのかわいさに悶絶♡

店内に入った瞬間気分が上がる！

タイ最大級の花市場として知られ、多くの観光客が訪れるパーク・クローン花市場。一帯には多くの花屋が立ち並び、店先に飾られた色とりどりの花々を横目に散策するだけで気分が高揚します。このエリアでぜひ立ち寄ってみてほしいのが、こちらのカフェ。ビルの1階で花屋を経営するオーナーが、2・3階をリノベーションしてオープン。店名の〝フローラル・カフェ〟をテーマに花とアンティークを掛け合わせたロマンチックな内装は、ひと目で心を奪われるかわいさ♡雰囲気のよさもさることながら、自家製スイーツや豊富なドリンクの味はどれも本格的。ハイレベルなカフェがたくさんあるバンコクで、特におすすめしたいお店です。

✦✦✦ パーク・クローン花市場は24時間営業。タラートノーイから近く、セットで訪れるのがおすすめです。

6 7 8 9 10 11 12 13 14 **15** 16 17 18 19 20 21 22 23 0

8

9

6

7

FLORAL CAFE at NAPASORN

フローラル・カフェ・アット・ナパソーン

大人気の花屋兼カフェ

1階に花屋を構えるビルの2・3階。花屋を通り抜けて奥の階段を上ると注文カウンターが。店内を彩る生花やドライフラワーの美しさに心を奪われます。

王宮周辺 MAP P.163 B-3 ☎099-468-4899 🏠67 Chakkraphet Rd. ⏰9:00～19:00 🔒火曜 🚗MRTサナームチャイ駅から徒歩5分 カード 英語

タイーの規模!

花市場もCHECK

カフェからパーク・クローン花市場は徒歩わずか1分。タイーの規模&賑わいは一見の価値あり!

1右からマンゴー・ヨーグルト・スムージー150B、キャロット・ケーキ180B、アイス・アメリカーノ110B 2 2階のドライフラワーに囲まれたスペースが人気 3 3階はクラシカルなムード 4 5 1階はフラワーショップ。おしゃれな花瓶がずらり 6入口付近のベンチはフォトスポット 7色鮮やかな花々にうっとり 8注文は2階のカウンターにて 9クリスピー・ポークサラダ280B

ココ限定！自分だけのフレグランスが作れる♡

1 置くだけで空間が南国スパのような香りに。ディフューザー各1590B
2 好きなアロマを3種選び、香水をカスタマイズ。イニシャル付きボトルに入れてくれる。2900B

一番人気はジャスミンとミントを掛け合わせた「イースターン・トリート」シリーズ 1 ハンドクリーム850B 2 ボディーオイル1190B 3 ナチュラル・バー・ソープ 360B

Erb bliss room

アーブ・ブリス・ルーム

かわいい＆安心を実現

オーガニックな国産素材100%使用。ハーブや花のアロマをブレンドしたボディケアアイテムを販売。気分が上がる華やかなパッケージは、おみやげとしても喜ばれること確実です。

サイアム周辺 MAP P.164 D-2 ☎02-102-6698 999 Ploenchit Rd. ゲイソーン・ヴィレッジ2F 10:00～20:00 無休 BTSチットロム駅から徒歩3分 カード 英語

※2024年4月時点で閉店。スクンビット通りのS.C、エムスフィアなどに店舗あり。

IN THE AFTERNOON (15:00-17:00)

BEST TIME

15:00

世界中の美容マニアを虜にする5ブランド

タイMADEのナチュラルコスメが神すぎて！

✦✦✦ ハーンやターンの商品は、スワンナプーム空港のDUTY FREEショップでも販売しています。

Abhaibhubejhr
アバイブーベ

王家創立の病院で開発

チャオプラヤ・アバイブーベ病院で開発を行うヘルスケアブランド。厳選されたオーガニックハーブを使用、サプリも人気です。

チャオプラヤー川周辺 MAP P.170 F-3
☎02-210-0321 🏠S Sathorn Rd. タイCCタワー GF ⌚9:30～18:00（土曜は～17:00）🔒日曜 🚘BTSスラサック駅から徒歩5分 カード 英語

HARNN ICONSIAM
ハーン アイコンサイアム店

華やかなパッケージも魅力

米ぬか油やタイの天然ハーブなどから作られるプロダクトは、5つ星ホテルのスパでも使用されています。ギフトにも最適。

チャオプラヤー川周辺 MAP P.170 E-4
☎02-288-0287 🏠299 Charoen Nakhon Soi 5 アイコンサイアム4F ⌚10:00～22:00 🔒無休 🚘BTSチャルンナコーン駅から徒歩1分、またはサトーン船着場(MAP P.170 F-4)からシャトルボート

Dew
デュー

オゾン化オイルが話題沸騰！

肌細胞を修復する効果があるというオゾン化したオーガニックな植物性オイルを使用するコスメブランド。添加物不使用。

ロフティー・バンブー P▶065

THANN ICONSIAM
ターン アイコンサイアム店

トータルウェルネスを提案

植物由来成分や天然精油を生かしたナチュラルスキンケアブランド。5種類の香りを基本としたコレクションを展開。

チャオプラヤー川周辺 MAP P.170 E-4
☎02-288-0105 🏠299 Charoen Nakhon Soi 5 アイコンサイアム4F ⌚10:00～22:00 🔒無休 🚘BTSチャルンナコーン駅から徒歩1分、またはサトーン船着場(MAP P.170 F-4)からシャトルボート

HARNN ICONSIAM

1 マンゴスチンやレモングラスなどボディ用ソープ3個セット660B 2 シャワージェル＆ローションのセット1150B 3 アルコールフリーのフェイシャルミスト425B

Abhaibhubejhr

1 蓮、竹、米の3種のエキスが主成分。ナイトジェル350B 2 ミョウバンを使用。クリスタル消臭ロールオン70B・スプレー 45B 3 ナイトリンクルセラム500Bは 1 とセットで使うと効果UP

デリケートゾーンにも

Dew

1 タイ東北部ナーン県で作られる古代塩45B 2 オゾン化オイルはビタミンブースト、リンクルなど8種類の効能が 3 オゾン化オイル配合のサルヴ(クリーム)240Bは美肌効果アリ

柑橘の香り♪

THANN ICONSIAM

1 パイナップルや柚子の成分を配合した保湿シートマスク(4枚入り)1050B 2 米油・ワイルドマンゴー使用のリップバーム490B 3 ローズウォーター配合のアイセラム1500B

タイ産ハーブの香りで心身共にリラックス

薬草療法が伝わるタイでは、ハーブやお米、ココナッツをはじめとした植物が主成分のナチュラルコスメが古くから親しまれてきました。そのため、タイ王家創立の病院で開発するヘルスケアブランドから、華やかな香りのスパ系ブランドまで、バリエーションがとにかく豊富。自分好みのアイテムが必ず見つかります。私は、日本ではあまりないレモングラスやジャスミンの香りのアイテムをまとめ買いするのがお決まり。使う度に楽しかった旅を思い出し、効能以上の効果を実感しています(笑)。

唯一無二の空間に心ときめきまくり！

ひと足のばしてでも行きたい、とっておきカフェへ

壮大な規模と世界観にワクワクが止まらない！

写真を撮ることが大好きなタイの人々。ＳＮＳで話題と聞けば遠出も厭わず、その影響もあってか近年、バンコク郊外におしゃれなカフェが続々と誕生しています。**人々がわざわざ足を運ぶ理由は、ダイナミックな規模&世界感。**その代表格がバブル・イン・ザ・フォレストです。巨大な人工池に水上コテージ風の客席が並ぶ光景は、異次元のインパクト！まるで絵本から飛び出してきたかのようなハンサ・カフェのファンタジー感もたまらない♡遠出したからこそ得られる感動は、忘れられない思い出になること請け合いです。

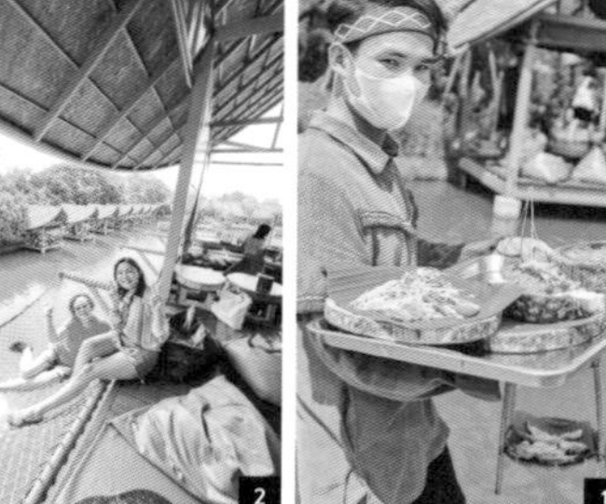

1 タイ料理から洋食までフードメニューも大充実 2 一角には、ハンモック風のくつろぎスペースが 3 水上コテージ風の席では、スタッフが池の中から接客してくれる

Bubble in the Forest Cafe

バブル・イン・ザ・フォレスト・カフェ

タイを代表する映えカフェ

SNSで話題となり、〝タイのモルディブ〞と呼ばれることもしばしば。バンコク郊外ながら連日行列が絶えない人気ぶりです。予約は平日のみ可能で、週末は数時間待つことも。

バンコク郊外 MAP P.162 D-1 ☎065-727-6888 170 Charoen Tha Alley, Bang Toei, Sam Phran District 10:00～21:00 無休 スクンビット周辺から車で1時間 カード

右からブルーハワイ・アップルソーダ89B、タイティー・スムージー139B、マンゴー・チーズケーキ169B

バンコク郊外ではタクシーを捕まえるのが困難。車をチャーターして、見どころをまとめてめぐるのがおすすめです。

HANSA cafe.food.garden

ハンサ カフェ・フード・ガーデン

おしゃれ姉妹がオープン

韓国のカルチャーをこよなく愛する姉妹が、家族が営む農園の敷地にオープン。店の裏にはベンチやブランコが点在し、自由気ままに散策できます。

バンコク郊外 MAP P.162 D-1
☎099-468-4899 🏠Chaiyapruek, Tambon Bang Phlap, Amphoe Pak Kret 🕘9:00～18:30 🔒火曜 🚗スクンビット周辺から車で1時間 英語

のどかな町並みにカフェがポツンと佇む光景は、まるで絵本のような世界観

隣接したレストランでランチも◎

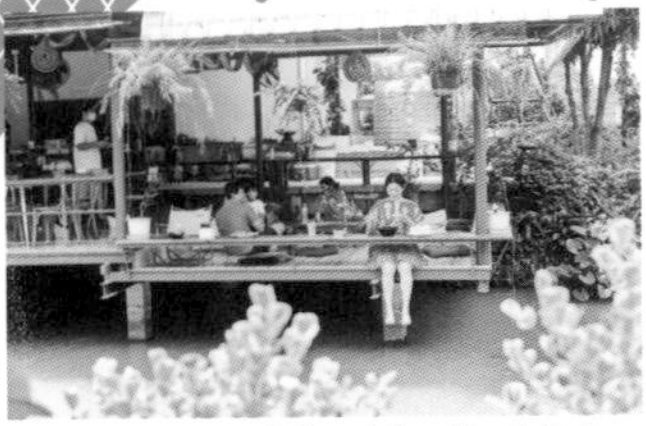

カフェの隣には、姉妹の家族が営む食堂が。池に面した席もまたフォトジェニック！

空芯菜のフリット

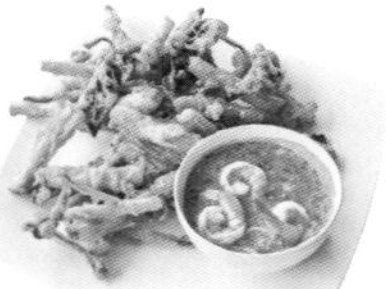

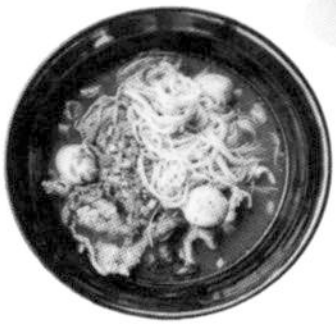

本格タイ料理を提供する食堂は、地元の人で大にぎわい。なかでも空芯菜のフリットが絶品！

1 店内にある、農園を望むカウンター席もおすすめ 2 自家製スイーツのイチオシは、農園でとれたココナッツを使ったケーキ90B 3 入口のカウンターから姉妹がお出迎え♪

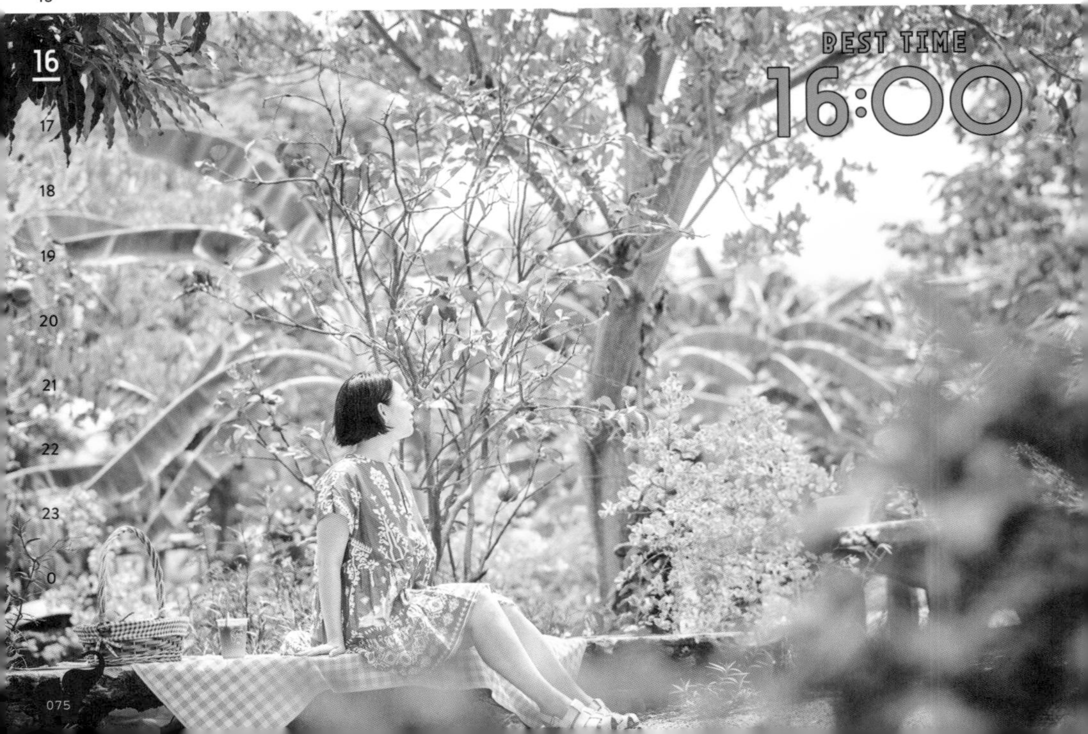

BEST TIME
16:00

雰囲気抜群のカフェが点在するバンコク。バーン・リム・ナーム(P.67)は、オープンエアな空間が気持ちいい♪

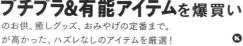

もずらり♡

プチプラ&有能アイテムを爆買い

のお供、癒しグッズ、おみやげの定番まで。
が高かった、ハズレなしのアイテムを厳選！

バラマキみやげの定番
ヤードム は外せない！

ロングセラーはコレ！

C

大好きな 癒しグッズ で
旅の疲れをしっかりケア

旅中も大活躍！
国民的 クーリング アイテム

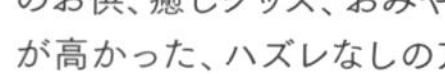

旅に思いを馳せれば
生理 の不調が軽く!?

肌の炎症を和らげるだけでなく、消臭&制汗効果も！ Cooling Powder 65B Ⓚ Eと同じブランドの温感パッチ。お腹や腰がじんわり温まり、不快感が和らぎます。GOLD PRINCESS Warm Patch 200B Ⓛタイでは、清涼感をプラスした生理用ナプキンが大人気。個人的にはムレの不快感が軽減されて◎ですが、好みは分かれるよう。SOFY Cooling Fresh Sanitary Pad 75B Ⓜ低刺激&消臭効果のあるデリケートゾーン用ソープ。リーズナブルな価格が◎。LACTACYD all-day care 135B Ⓝ美容医療の分野で世界的な知名度を誇る、ヤンヒー総合病院が開発。シミ・そばかすを防ぎ、肌のターンオーバーを促す効能が。Yanhee Mela Cream 149B Ⓞタイの国民的クリームと言っても過言ではない大ヒット商品。アロエベラ葉汁&ビタミンEを豊富に含み、さまざまな肌トラブルに対応。SMÉOTH Ö Cream 715B Ⓟずば抜けた保湿効果から、究極の美容クリームと称されることもしばしば。Hirudoid® 108B Ⓠ肌の再生を促し、ニキビ跡やシミ、色素沈着、小じわなどを改善。ACNETIN-A 150B Ⓡ優れた保湿力&抗酸化作用があり、皮膚の傷跡ケアに効果的。Hiruscar Gel 209B Ⓢレトロな柄×鮮やかな色合いのパッケージがかわいい♡ 色ごとに異なる花の香りが楽しめる。PARROT Botanical Soap 各4つセットで36B Ⓣジャスミンライス、ターメリック、マンゴスチンのエッセンスを含む、麻製のバスミット。角質を取り除き、もっちりとした肌に。MAITHONG Balancing Whitening Bath Mitt 66B Ⓤ日本のものと比べてホワイトニング効果が高いとの口コミ多数！ LISTERINE COOL MINT Mouthwash 87B Ⓥ歯磨き粉のバリエ豊富なタイ。コスパのよさで選ぶならコレ！ SPARKLE FRESH WHITE 115B Ⓦ寝起きの口臭防止効果にホワイトニング作用も加わった、優秀すぎる歯磨き粉。DENTISTE PLUS WHITE 234B

✦✦✦ スクンビット周辺に数店舗を展開するブレズ薬局には、日本語堪能なスタッフが常駐。日本人に売れ筋の商品もそろっていて、便利です。

6 7 8 9 10 11 12 13 14 15 **16** 17 18 19 20 21 22 23 0

有能クリームのおかげで
肌トラブル知らずです。

ニキビ跡が薄く!?

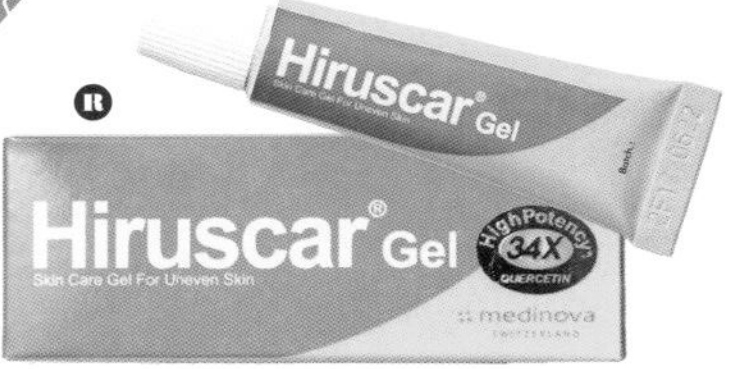

R

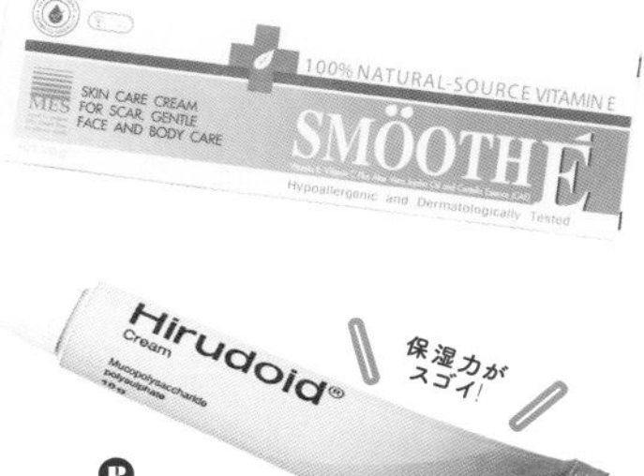

O N

ピーリング代わりに

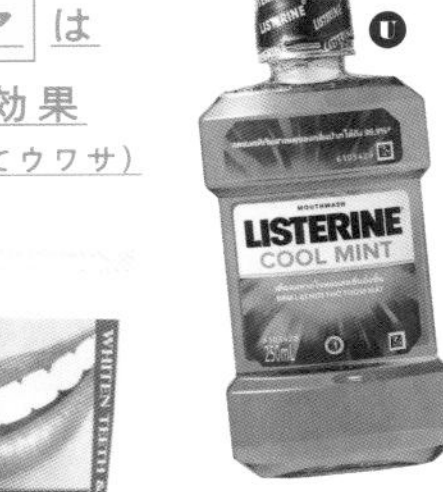

Q

保湿力がスゴイ!

P

タイのお口ケアは
ホワイトニング効果
てきめん(ってウワサ)

U

BEST TIME
16:00
美容大国が誇る有能コスメ
ドラッグストアで
スキンケアからバスタイム
タイ好き仲間の口コミ評価

ポップなカラーが♡

S

V

コスパ最強と話題

W

T

南国の香りに包まれて
バスタイムもタイ気分♪

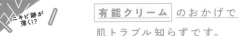

Boots EMQUARTIER
ブーツ エムクオーティエ店

コスメから薬までバツグンの品ぞろえ

タイ全土に支店を展開する薬局チェーンです。観光客の多いスクンビット周辺の店舗は、英語が堪能なスタッフ多数。商品名を伝えれば丁寧に対応してくれます。

スクンビット周辺 MAP P.169 C-2 ☎083-057-7100 🏠695 Sukhumvit Rd. エムクオーティエ3F ⏲10:00～22:00 🔒無休 🚗BTSプロームポン駅直結 カード 英語

Ⓐタイ語で「嗅ぎ薬」を意味するヤードム。虎のマークがレトロかわいい。TIGER BALM® INHALER 25B Ⓑ国産ペパーミントを使用。Peppermint Field Inhaler 22B Ⓒ昔ながらのタイプが人気再燃。HONTHAI Compound Herb Inhaler 28B Ⓓヤードムの人気メーカーによるマスク用ミントもおすすめ。Peppermint Field Mask Drop 39B Ⓔタイ産ハーブを使用したフットシート。足の裏に貼って寝ると毒素が排出され、翌朝スッキリ! GOLD PRINCESS Foot Patch 200B Ⓕ肩こりに効くタイガーバームは、肌なじみのいいクリームタイプがお気に入り。TIGER BALM® Neck & Shoulder Rub 189B Ⓖココナッツ&ミルクの香りが心地よいスクラブソルト。たっぷり350gでこの価格! YOKO Salt Body Scrub 29B Ⓗカモミール抽出液を主に、ペパーミントオイル、ユーカリオイルなどを配合した喉スプレー。香りがタイプ♡ Kamillosan M160B Ⓘタイで古くから親しまれる清涼アイテム。小さなスプレータイプは持ち運びにも便利。SNAKE BRAND Cooling Mist 89B Ⓙ世界初の清涼パウダーとして誕生。暑さによる

Make Me Mango Tha Tian

メイク・ミー・マンゴー ターティアン店

チョイスの多さが魅力!

定番のマンゴー&もち米のほか、タルトやかき氷、サンデーに、30種類以上のスムージーをそろえ、バリエーションがとにかく豊富。セントラル・ワールドにも支店があります。

王宮周辺 MAP P.163 A-3
☎02-622-0899 🏠67 Maha Rat Rd.
⏰10:30～20:00 🔒無休 🚗MRTサナームチャイ駅から徒歩8分 カード 英語

店舗は3階建て。1階でオーダー&支払いし、着席して待つスタイル

BEST TIME

16:00

驚きの甘さ♡ ひと口食べた瞬間、笑顔に!

フレッシュマンゴーたっぷりなスイーツSHOPはココ

専門店で食べるマンゴーは、ひと味も二味も違う! なかでも、もち米と食べる定番スイーツは必食です。

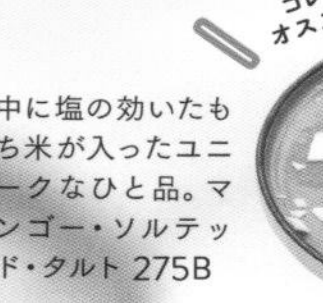

コレもオススメ!

中に塩の効いたもち米が入ったユニークなひと品。マンゴー・ソルテッド・タルト 275B

マンゴープリン

マンゴーアイス

ココナッツミルク

MUST EAT♡
メイク・ミー・マンゴー
Make Me Mango 245B

店名を冠した、看板メニューのアソートプレート。アイスやプリンも全て自家製です。いろんな味を少しずつ味わえるのがうれしい!

もち米

フレッシュマンゴー

タイで販売しているマンゴーの種類は170以上とも言われています。ホテルでカットし、食べ比べをするのもおすすめ♪

MUST EAT♡
マンゴー・スティッキーライス
Mango Stickyrice
150B

バンコクーおいしいと有名で、1日1000個以上が売れるとか。大きめにカットされたマンゴーは食べ応え抜群！

Mae Varee

メー・ワリー

行列ができるマンゴー屋

店主自ら農園を営み、高品質のマンゴー作りにこだわっています。本店のこちらはテイクアウトのみで、セントラル・ワールド店ではイートイン可能。

スクンビット周辺 MAP P.168 E-3
☎02-392-4804 🏠1 Thong Lo Rd.
🕘6:00～22:00 🔒無休 🚗BTSトンロー駅から徒歩1分 英語

食べ歩きしたい♪

マンゴーをトッピング

2 マンゴー＆スティッキーライスアイスクリーム
Mango & Stickyrice Ice-Cream 199B

1 マンゴー・プディング・ウィズ・リアル・マンゴー
Mango Pudding with Real Mango 89B

1 ミルク味のプリンにフレッシュマンゴーをトッピング 2 自家製の濃厚マンゴーアイス。2サイズあり、大はマンゴー＆もち米をトッピングしてくれる

どっさりマンゴー

MUST EAT♡
フォーエバー・マンゴー・ウィズ・ヨーグルト
Forever Mango with Yogurt 119B

マンゴーの濃厚な甘みとヨーグルトの酸味がマッチしたスムージー。カットマンゴー入り

まるでスイーツ

MUST EAT♡
トレジャー No.5
Treasure No.5
139B(S)

マンゴースムージーの上にカットマンゴー、ココナッツ、マンゴーアイスをトッピング。2人で食べるならレギュラーサイズ189Bを

ワイ（合掌）のポーズをしたマンゴーのキャラクターがお出迎え！

Yenly Yours ICONSIAM

イエンリー・ユアーズ アイコンサイアム店

マンゴースイーツのチェーン店

マンゴーづくしのかき氷やスムージーが看板メニュー。エムクオーティエ（P.60）やセントラル・ワールド（P.60）などショッピングセンターにあります。

チャオプラヤー川周辺 MAP P.170 E-4
☎094-736-2163 🏠299 Charoen Nakhon Soi 5 アイコンサイアム4F 🕘10:00～22:00 🔒無休 🚗BTSチャルンナコーン駅から徒歩1分、またはサトーン船着場（MAP P.170 F-4）からシャトルボート カード 英語

高級ホテルの上質な味わい

BEST TIME
16:00

IN THE AFTERNOON (15:00-17:00)

ヌン活ーNバンコクがハイレベルすぎる

デコレーションも味も豊富なバリエがそろってます♡

Capella Bangkok
カペラ・バンコク

華やかさも味もピカイチ

シグネチャー・ハイ・ティー・セットは3200B、シャンパン付きは5200B（共に2人分）。ホテル1階のティー・ラウンジにて、毎日12〜18時限定で提供しています。

チャオプラヤー川周辺 MAP P.162 E-2
☎02-098-3816 🏠300/2 Charoen Krung Rd. 🕘12:00 〜 18:00(Tea Lounge) 🔒無休 🚌BTSサパーンタクシン駅から徒歩10分 カード 英語 P▶152

1 タイ北部や中国のオーガニック茶葉をブレンドしたティーセレクション 2 ペストリーは好きなものを3つチョイス。スコーン2種、マカロン、セイボリー 4種がセットに

気分アガりまくりなハッピーフード！

いろんな味を楽しめて、おいしくて、ビジュアルもとびきり美しい。アフタヌーンティーほど心躍る食べ物は、なかなかない！と感じる私にとって、バンコクは天国。工夫を凝らしたテーマから味わいまで、クオリティは世界トップレベルだと感じます。なかでも圧倒的な存在感を放つのが、カペラ・バンコク。ベージュ アラン・デュカス 東京でも活躍したシェフパティシエ、シルヴァン・コンスタン氏による最上級のスイーツを、一流ホテルの上質な空間で味わえます。タイらしさを選ぶなら、伝統スイーツを歴史ある邸宅でいただけるザ・ジンジャーブレッド・ハウス。伝統衣装をレンタルできる点もナイスです。気分が高揚するひとときをご体験あれ♪

✦✦✦ 紹介した以外には、マンダリン・オリエンタル・バンコクやフォーシーズンズ・ホテルなども人気です。

タイの伝統スイーツがずらり

伝統菓子とポピュラーなスイーツを一度に味わえる、アフタヌーンティーセット999B。タイらしい金のスタンドが雰囲気とマッチ

1 カノムチャンやトン・ヨートなど、縁起物として親しまれる伝統スイーツは食べるのがもったいなく感じる美しさ 2 セットの紅茶はアイスorホットを選べる 3 生クリーム＆ハーブゼリーをトッピングしたタイミルクティーのかき氷

The Gingerbread House

ザ・ジンジャーブレッド・ハウス

歴史ある邸宅はムード満点

1913年に建てられた邸宅をリノベーションしたカフェ。伝統衣装をレンタルしており、レトロな店内で撮影も楽しむことができます(1時間199B)。ドリンクのみの利用もOK。

王宮周辺 MAP P.163 C-2 ☎097-229-7021 🏠47 Dinso Rd. 🕘11:00～20:00(土・日曜は9:00～20:00) 🔒無休 🚗MRTサムヨート駅から徒歩10分 英語

4

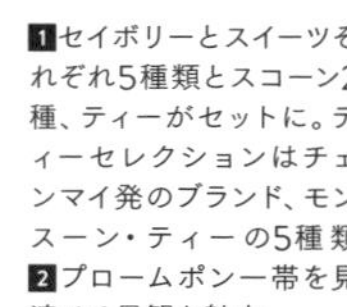
きらめく宝石箱がテーマ

本物の宝石を飾ったブティック・オブ・ジュエルズ2200B(2人分)

1 セイボリーとスイーツそれぞれ5種類とスコーン2種、ティーがセットに。ティーセレクションはチェンマイ発のブランド、モンスーン・ティーの5種類 2 プロームポン一帯を見渡せる景観も魅力

137 PILLARS SUITES & RESIDENCES

137 ピラーズ スイーツ＆レジデンス

在タイ外国人御用達

外国人居住者の多いプロームポンエリアで人気のホテル＆レジデンス。アフタヌーンティーは26階のバーン・ボルネオ・クラブにて、13～17時限定で提供しています。

スクンビット周辺 MAP P.168 D-1 ☎097-229-7021 🏠59/1 Sukhumvit 39 Rd. 🕘7:00～19:00(BAAN BORNEO CLUB) 🔒無休 🚗BTSプロームポン駅から徒歩12分 カード 英語

BEST TIME
16:00

世界中のサウナーを唸らせる効果がスゴすぎた!

伝統のハーブサウナで驚きのデトックス体験

昔ながらの手法を守る寺院のサウナへ

医療施設ができる前は、寺院でハーブ治療を受けていたというタイの人々。治療のひとつの薬草サウナは、今も寺院やスパなどで営業しています。世界的にも珍しい寺院のサウナをバンコク中心部で体験できるのが、ワット・カチョンシリ。本殿の奥にある施設は、窯で炊いたハーブのスチームをサウナ室へ送り込むという伝統的な仕組み。ハーブは40以上種類をブレンドしていて、疲労回復や免疫力アップなどの効果が期待できるそう。公式サイトなどは一切ないにもかかわらず、口コミで広がり、世界中のサウナーが訪れています。

窯で炊くハーブは、レモングラスやこぶみかん、ガランガルなど40種類以上

Wat Khachon Siri

ワット・カチョンシリ

サウナ施設を有する寺院

バンコク中心部では数少ない、伝統的なサウナ施設が残る寺院。大量に積まれた薪が目印です。英語はほとんど通じませんが、常連客の皆さんが色々と世話してくれます。

オンヌット周辺 MAP P.162 F-2
7 Soi On Nut 45, Sukhumvit 77 Rd.
13:00～18:00(サウナ) 無休 BTSオンヌット駅から車で10分

✦✦✦ 公式サイトがないため臨時休業の情報を得る手段は皆無。万が一開いていなくても、落胆しすぎぬように…。

ハーブサウナ体験をレポート!

筆者が実際に体験! 料金の仕組みや
入浴方法を、ステップごとに説明します。

STEP 1 入口で料金を払う

入浴料は50B。100B以上のおつりはない
可能性が高いので、用意しておくと安心です。

STEP 2 ロッカーに荷物を入れる

入口付近にあるロッカーは自由に使ってOK。
鍵がないため、不安な場合は持参を。

STEP 3 ハーブティーをもらう

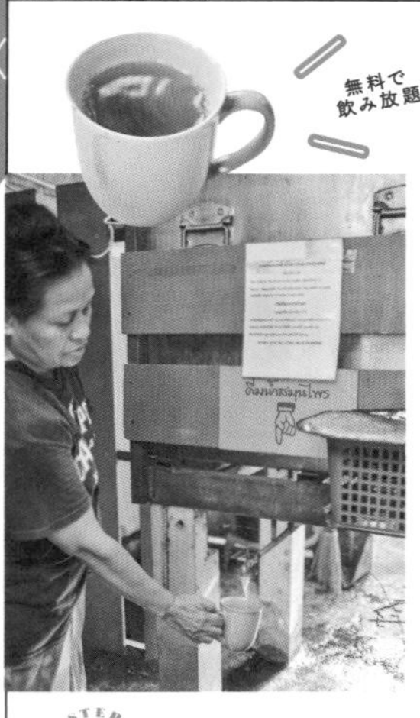

入浴所の入口で、自家製
ブレンドのハーブティーを
ゲット。飲むとデトックス
効果が高まるそうです。

STEP 4 レンタルウエアに着替えてハーブティーを飲む

入浴所は男女別。パレオのようなウエアに着替えたら、ハーブティーを飲んで体を温めます。

STEP 5 いざ、サウナ室へ!

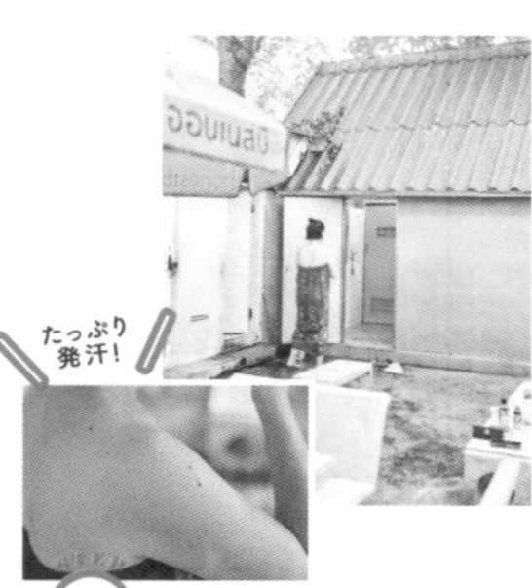

5～10分の入浴を、5回ほどリピートす
るのがベスト。シャワー室もあります。

どんな仕組み?

予約は不要、時間制限もなし!

気が向いたときに行けるところ
が便利。時間制限もないため、
好きなだけ滞在できます。

タオル&ウエアは20Bでレンタル可能

出先から直行できる点も高ポイ
ント。石鹸類は一切ないので、必
要な場合は持参しましょう。

BEST TIME
16:00

心も体も元気がみなぎる、まさに都会のオアシス♡
唯一無二のリフレッシュ体験は洗練の一軒家スパで!

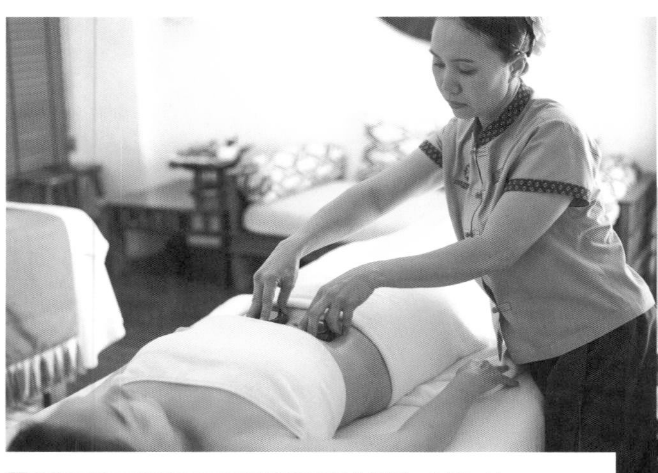

イチオシメニューは

クイーン・オブ・オアシス
QUEEN OF OASIS
120分/3900B

ホットストーン、スウェーデン式、アロマテラピーの3種を融合。ホットストーンの熱が筋肉を和らげ、体の機能改善に効果的。

オイルもあったか

1 受付&支払いを行うロビー 2 使用するスパプロダクツに含まれるハーブはすべて国産&オーガニック 3 敷地内はリゾートホテルのような空間が広がる

オリジナルコスメも買える!

ナチュラル&オーガニックにこだわったKINシリーズを店内で販売。右からシャンプー750B、シャワースクラブ750B、スキンオイル750B

サワディーカー

スタッフ&セラピストの丁寧かつ親切なサービスも人気の理由

行く度に愛が増す MYベスト・スパ♡

おすすめのスパは?と聞かれて一番に挙げるのが、ザ・オアシス・スパ。好きなポイントを挙げるのは極めて困難です。なぜなら技術、雰囲気、サービス、どれをとっても素晴らしいから! バンコクには2店舗ありますが、こちらのスクンビット店がイチオシ。"オアシス"の名にふさわしい緑豊かな敷地に足を踏み入れた瞬間から、デトックスがスタート。トリートメント後は、体も心もスッキリ軽くなり、感動的な清々しさに包まれます。

✦✦✦ 予約は公式サイトから可能。不定期で実践する、お得なキャンペーン情報も載っています。

THE OASIS SPA Sukhumvit 31

ザ・オアシス・スパ スクンビット31店

心身を癒す都会のオアシス

チェンマイ発祥のスパチェーン。"オアシス"をコンセプトに掲げた、緑との調和が美しい施設が特徴です。ムラのない技術とサービスに定評があり、ハイシーズンは予約困難に。

スクンビット周辺 MAP P.169 C-1
☎02-262-2122 🏠64 Soi Sawasdee, Sukhumvit 31 ⏲10:00～22:00 🔒無休 🚗BTSアソーク駅から車で5分 カード 英語

BEST TIME
16:00

たまにの旅だし贅沢に！

ホテルのラグジュアリースパで気分も肌も上々♡

極上のスパ体験をしたいなら、一流ホテルが間違いなし！ 贅を尽くした空間で、最高のサービス&トリートメントを受けられます。

SPA MENU

- Thermal Infusing Facial 90分／5500B
  サーマル・インフュージング・フェイシャル
- Purifying Body Boost 90分／5900B
  ピュリファイイング・ボディ・ブースト
- Bangkok Rejuvenation 2.5時間／8500B
  バンコク・リジュヴィネーション

The Siam Hotel Bangkok

OPIUM SPA
オピウム・スパ

ラグジュアリーの真骨頂
オープン以来、数々の賞に輝いてきたバンコク指折りのハイエンドスパです。「世界のベスト・シティースパ」に選ばれたこともあります。

チャオプラヤー川周辺 MAP P.162 D-1 ☎02-206-6999 3/2 Thanon Khao 10:00～20:00 無休 MRTシリントーンン駅からタクシーで5分 カード 英語

トリートメント後は、ハーブティー&スイーツのサービスが。広々としたスパ専用ロビーで、心ゆくまでまったり

使用するのはオーストラリアのスパブランド「Sodashi(ソダシ)」のアイテム。100%自然由来の成分を配合

✦✦✦ 紹介したスパはそれぞれ、ホテルの公式サイトから予約可能。メニューの詳細もあります。

THE PENINSULA
BANGKOK

THE PENINSULA SPA

ザ・ペニンシュラ・スパ

シグネチャーのロイヤル・タイ・マッサージ・ウィズ・ハーバル・コンプレスは120分／5650B

ムードもサービスも格別

スパ専用のタイ・コロニアル様式の建物は、非日常なムード満点です。東洋と西洋の療法に、アーユルヴェーダの哲学を融合したトリートメントを提供。

チャオプラヤー川周辺 MAP P.170 F-4
☎02-020-2888 🏠333 Charoen Nakhon Rd. ⏲9:00～23:00 🔒無休 🚗BTSチャルンナコーン駅から徒歩5分 カード 英語

シグネチャーのセンス・オブ・プルン・マッサージは90分／5000B

使用する「エヴィドンス ドゥ ボーテ」のスパアイテムも販売

ROSEWOOD
BANGKOK

Sense, A Rosewood Spa

センス、ア・ローズウッド・スパ

世界中でここだけのメニューも

タイの少数民族の文化や歴史などから着想を得たトリートメントが多数。唯一無二の体験ができるスパとして高い評価を誇ります。

サイアム周辺 MAP P.162 F-2
☎02-080-008 🏠1041/38 Ploenchit Rd. ⏲10:00～21:00 🔒無休 🚗BTSチットロム駅から徒歩1分 カード 英語

1 ザ・サイアムらしいシックな雰囲気 2 トリートメントルームはすべて個室。複数名で受けることも可能

スパへと向かう通路の隅々まで美しく、ホテルに足を踏み入れた瞬間から気分が高揚

BEST TIME
17:00

いろいろ試した結果の厳選LIST!

スーパーで買うべき本当においしいモノ34

タイ旅行中に欠かさず立ち寄るのがスーパー。たんまりと食材を買い占めて、帰国後も本場の味を楽しんでいます。

1 トーストのお供で朝食がグレードアップ

甘みが強いロンガンの花のハチミツが大好物。タイ産ナッツのスプレッドとの相性も抜群です！

ディッパー付き♪

1ドイ・トゥン地域の山岳民族が育てるマカデミアナッツのスプレッド175B 2蜂の巣入りのハチミツ259B 3おみやげにも◎なチューブタイプ40B

2 自宅で本格タイ飯が完成♪ スパイス&調味料

混ぜるだけ&かけるだけで本場の味わいに。種類がありすぎて、選ぶのが大変です。

イラストがかわいい

ハズレなしのロボ！

1上からカオマンガイ、パッタイソース各30B、マッサマンカレーペースト15B 2チリパウダー95B、レモングラスパウダー70B 3グリルチキンにかけるだけ。サテソース69B 4お粥のもと。4袋セットで60B

4 人気店がやっぱおいしい♡ タイティー

タイティーの老舗「チャ・トラ・ムー」のティーバッグで、ティータイムの幸福度がUP！

1タイミルクティー 2ミルクグリーンティー各130B。それぞれティーバッグ50個入り

3 ドライフルーツは定番とレアをW買い！

日本ではなかなか食べられない南国フルーツ。珍しい商品は、話題のタネにもなります。

タロイモ×タマリンド

1タロイモでタマリンドをサンド。左はバナナ×パッションフルーツ。各50B 2No.1ドライマンゴーは断然ドイ・カム！ 70B 3ドライバナナのチョココーティング199B

✦✦✦ エンポリアムには観光客を対象に、オンライン登録するだけで全商品5%オフになるお得なサービスがあります。

6 甘いもしょっぱいも欲しい ワガママな私の お菓子 5選

自戒の念を込めて(笑)、タイでしか買えないアイテム&フレーバーを厳選しています。

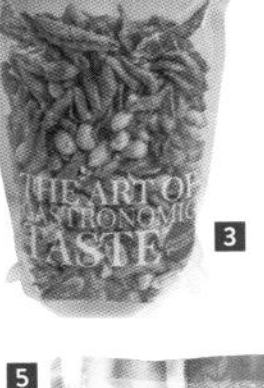

1マンゴー・チリやマッサマンカレーなど、ユニークなフレーバーがそろうタイ産ビーン・トゥ・バーチョコレート各188B 2優しい味わいのココナッツクッキー16B 3ピリ辛な小魚のフライ157.5B 4タイスキの名店、MKのビタミン入りグミ各29B 5エビ入りライスクラッカー 60B

5 詰められるだけ買う! 軽くて長持ちな 乾麺

別売りのスープや調味料で、自己流の味付けに挑戦するのも楽しい♪

1本格クイッティアオが手軽に完成。19B 2プーパッポンカリー味のカップラーメン3個セット52B 3極太米麺・センヤイ44.50B 4炒めてもスープに入れても。万能な中細米麺・センレック70B 5パッタイの麺&ソースセット118B 6使い切りサイズの春雨11.75B

GOURMET MARKET THE EMPORIUM

グルメ・マーケット エンポリアム店

ショッピングモール内を主に展開するチェーン店。観光客に人気の商品を取りそろえる、スクンビット周辺の店舗が◎。

スクンビット周辺 MAP P.169 C-2
☎02-269-1000 🏠622 Sukhumvit Rd.
⏰10:00～21:00 🔒無休 🚗BTSプロームポン駅直結 カード 英語

7 漬物やカレーは漏れない 缶詰 が◎

瓶詰めよりは軽く、真空パックよりも安心。持ち帰れないフルーツも缶なら〇K!

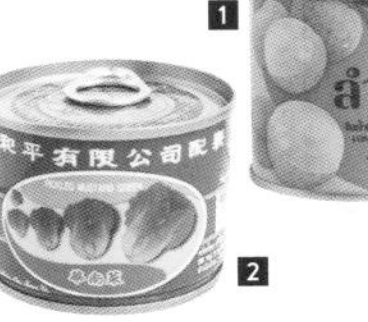

1甘さ適度なロンガンの缶詰43B 2甘酸っぱい高菜漬けは、お粥や麺料理と好相性。21B 3ツナのグリーンカレー&パネーンカレー各47B。お皿に盛って温めれば、おいしさUP!

BEST TIME 17:00

タイといえば!な水上マーケットは

本場の雰囲気&見どころ満載なアンパワー一択

古きよき町並みととびきりの活気が混在し、地元民に絶大な人気を誇るアンパワー。足をのばしてでも体験したい名スポットです。

川の両岸に屋台がみっちり!

両岸の小道までびっしりと立ち並ぶ屋台の数に圧倒されます。一際にぎわう、橋の周辺をメインに散策するのがおすすめ。

IN THE AFTERNOON (15:00-17:00)

名物料理も! 屋台FOODを食べ歩き♡

1 海に近いアンパワーはシーフードが豊富。ムール貝のスチーム40B 2 魚のすり身揚げ50B 3 さつまいも団子の屋台 4 アンパワーの名物として有名な"首折れ魚"ことプラー・トゥー

都心よりリーズナブルな小物を爆買い!

1 ビビッドカラーが目を引くポーチ40B 2 3 極小サイズがかわいいポーチ各20B 4 パパイヤサラダやマンゴー&スティッキーライスなど、ミニチュアフードサンプルのマグネット各20B

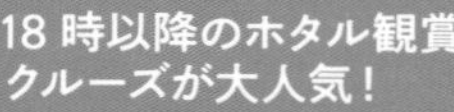

18時以降のホタル観賞クルーズが大人気!

アンパワーを流れるメークローン川は、ホタルの生息地として有名。参加費は1人60B

✦✦✦ 鉄道が通る度に市場をたたむ光景が有名なメークロン市場は、ここからわずか15分。セットでめぐるツアーもあります。

1 ごくわずかながら、料理の屋台船もちらほら。購入後は川縁の階段でめしあがれ♪ 2 川に足を垂らすようにして座れる、オープンエアな飲食店＆カフェも魅力的！

バンコクから車で1.5時間

Amphawa Floating Market

アンパワー水上マーケット

全長約500mのアンパワー運河を中心ににぎわうマーケット。金曜〜日曜の3日間のみ営業しています。バンコクからのアクセスはタクシーが便利。片道1000Bが目安です。

バンコク郊外 MAP P.162 E-3
🏠Amphawa ⏰15：00 〜21：00 🔒月〜木曜 🚗スクンビット周辺からタクシーで1時間30分

アロイ マーク(めっちゃウマイ!)

aroi maak!!

街歩きのお供にぴったりの テイクアウトドリンク

ひんやり…

ベター・ハーフ
Better Half
145B

マンゴーとココナッツミルクをブレンド。トップにはココナッツの実も
メイク・ミー・マンゴー ターティアン店 P▶080

カットマンゴー入り!

マンゴー・スムージー
Mango Smoothie
115B

濃厚な甘さ!!

自家製マンゴーピュレを贅沢に使用。サゴと呼ばれるタピオカ入り
メイク・ミー・マンゴー ターティアン店
P▶080

Ma Muang
มะม่วง
マンゴー

タイでは一年中食べられる「マムアン(マンゴー)」。甘みが強く、生搾りジュースやスムージーにするとおいしい!

Kluay
กล้วย
バナナ

バナナはタイ語でクルアイ。ポピュラーなのは、小さくて甘みの強い「クルアイナームアー」です。

バナナ・ミルク・シェイク
Banana Milk Shake
50B

バナナごくごく

甘みの強いバナナと牛乳だけを使ったシンプルなスムージー a

オーガニック・コールドブリュー・ココナッツ・コーヒー
Organic Cold-brew Coconut Coffee
130B

さっぱりとしたココナッツ果汁とコールドブリューのコーヒーを混ぜて飲む b

ココナッツの実がプカプカ

コーヒー

ココナッツウォーター

オーガニック・ココナッツミルク・コーヒー
Organic Coconut Milk Coffee
130B

クリーミーなココナッツミルクとコーヒーのラテ。ホットもできる b

Coconuts Coffee
กาแฟมะพร้าว
ココナッツコーヒー

コーヒーにココナッツの果汁やココナッツミルクをプラスすれば、南国らしいドリンクに早変わり!

c Cha Tra Mue
チャ・トラ・ムー

タイティーの老舗ブランド

本格的なタイティーをスタンドで販売。ターミナル21をはじめ、駅構内やショッピングセンターなど、バンコク市内のいたる所に。

スクンビット周辺 MAP P.169 B-1
88 Sukhumvit Soi 19, ターミナル21 GF 10:00～21:00 無休 BTSアソーク駅またはMRTスクンビット駅から徒歩1分 カード 英語

b Patom Organic Living
パトム・オーガニック・リビング

話題のオーガニックカフェ

中心部にありながら、緑あふれる空間が素敵。ドリンクやスイーツは全てオーガニックで、店内ではコスメや食品も販売しています。

スクンビット周辺 MAP P.168 E-1 ☎02-084-8649 9/2 Sukhumvit 49/6 Rd. (Soi Prompak) 9:00～19:00 無休 BTSプロームポン駅またはトンロー駅から車で5分 英語

a Kluay Kluay
クルアイ・クルアイ

契約農家から仕入れるバナナ

サイアム・スクエアのリド・コネクト2階にあるバナナスイーツの店。揚げバナナのアイスクリーム添え109Bが看板メニュー。

サイアム周辺 MAP P.165 B-2
☎062-879-2953 Rama I Rd., Siam Square Soi 2, リド・コネクト2F 11:00～20:00 無休 BTSサイアム駅から徒歩2分

バタフライピー・ラテ（アイス）
Butterfly Pea Latte(Cold)
140B

Butterfly Pea
อัญชัน
バタフライピー

タイで栽培されるバタフライピーは青色が特徴のマメ科の花。含まれるアントシアニンに美肌効果があるとか。

美容によい♡

たっぷりのミルク＆砂糖入りでまろやか＆優しい味わい e

ホットでも♡

バタフライピーティーのホット120Bはバリスタがラテアートをしてくれる e

タイティーのラテは緑のタピオカ入り。ミルクなしもアリ c

TEA LATTE

Cha Nom Yen
ชานมเย็น
タイティー

タイ式のアイスミルクティーは「チャー・ノム・イェン」。紅茶葉にバニラなどの香料をブレンドし、牛乳や練乳と。

タイティー・ラテ
Thai Tea Latte
55B

コレも一緒に！

タイティーのソフトクリーム45Bはターミナル21店とドンムアン空港店限定 c

↑タピオカ

Starbucks
สตาร์บัคส์
スタバ

タイの人々にも人気のスターバックス。南国ならではのフレーバーに注目して！

サンセット
Sunset
170B

南国フレーバー♫

ハイビスカスティー、オレンジジュース、ソーダ入り。オレンジの輪切りも f

ライチ・アールグレイ・ティー
Lychee Earl Grey Tea
180B

限定

アールグレイティー、ライチジュース、バタフライピー入り。ライチの果肉も f

オレンジ・トニック
Orange Tonic
100B

ORANGE

すっきり

コールドブリュー

Orange Coffee
กาแฟส้ม
オレンジコーヒー

コーヒーやエスプレッソにオレンジ果汁をプラスしたドリンクは、もはやタイのカフェの定番メニューです。

コールドブリューのコーヒーにオレンジピールとトニックウォーターをIN d

f Starbucks Reserve® Chao Phraya Riverfront
スターバックス・リザーブ・チャオプラヤー・リバーフロント

季節＆店舗限定ドリンクが人気！
タイ初のTEAVANA（紅茶シリーズ）を扱うスタバ。紅茶とタイならではのフルーツを組み合わせた限定フレーバーがあります。
チャオプラヤー川周辺 MAP P.170 E-4
☎02-495-7000 ⌂299 Charoen Nakhon Soi 5 アイコンサイアム7F ⏲10:00～22:00 🔒無休 🚗BTSチャルンナコーン駅から徒歩1分、またはサトーン船着場（MAP P.170 F-4）からシャトルボート カード 英語

e Blue Whale
ブルー・ホエール

バタフライピーティーで有名
見た目がかわいいだけでなく、美容にもいいと注目を集めるバタフライピーを使ったドリンクを味わえると評判。イートインもOK。
王宮周辺 MAP P.163 B-3
☎096-997-4962 ⌂392/37 Maha Rat Rd. ⏲9:00～18:00 🔒月曜 🚗MRTサナームチャイ駅から徒歩6分 カード 英語

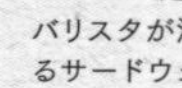

d Roots at Thonglor
ルーツ・アット・トンロー

コーヒー通の御用達カフェ
バリスタが淹れるこだわりの一杯を提供するサードウェーブコーヒーの店。オリジナル焙煎の豆やクロワッサンも。
スクンビット周辺 MAP P.168 E-1
☎097-059-4517 ⌂17 Sukhumvit 55 Rd. ザ・コモンズ マーケットフロア内 ⏲8:00～19:00（日により異なる）🔒無休 🚗BTSトンロー駅から車で5分 カード 英語

バンコクの午後にまつわるエトセトラ

AFTERNOON TIPS

タンブラーなどタイ限定アイテムも

1上階にある階段状になったシートは眺望も抜群 2ハンドドリップやサイフォンコーヒー、お酒も提供 3限定ドリンクもあり

バタフライピーティーなどボトルドリンクもタイ仕様

スタバ

สตาร์บัคส์

タイ一大きいスタバで限定ドリンク&アイテムを調達

バンコク市内に数あるスタバの中でも、注目はアイコンサイアムの7階にあるお店。総席数400以上で、タイで一番大きいスタバ、と言われています。2フロア分吹き抜けになった開放的な空間も素敵です。

スターバックス・リザーブ・チャオプラヤー・リバーフロントP▶045、095

オーガニック

ออร์แกนิ ค

オーガニックカフェで買えるコスメが話題!

パトム・オーガニック・リビング(P.94)では、カフェの店内で販売するナチュラル素材のコスメが評判です。

シャンプー369Bやスキンケアバーム155Bが人気商品

コスメ

สำอาง

コンビニでもプチプラコスメが買える

タイのコンビニはコスメが充実。日焼け止めや美容液は1回使い切りタイプが豊富なのでトライしてみて。

日本でもおなじみのベビーオイルやヘアオイルまで!

カフェ

คาเฟ่

ローカルチェーン店がめちゃくちゃ使える!

国内に3000店以上あるというコーヒーチェーン「カフェ・アマゾン」。お手頃価格でいたる所にあるので便利。

アプリ

แอพ

お得なアプリを活用してみる!

スマホアプリ「HungryHub」は、アプリを通して予約すれば、高級ホテルのビュッフェやスパが割引になるクーポンがもらえるお得なアプリです!

theCOMMONS
ザ・コモンズ
スクンビット周辺 MAP P.168 E-1
☎02-712-5400 🏠17 Sukhumvit 55 ⏰8:00～翌1:00(店舗により異なる) 🔒無休 🚗BTSトンロー駅から車で3分

トレンド

เทรนด์

話題のお店が集まるフードコートに注目

トンローにあるエココンシャスな複合施設。1階の「マーケット」は話題の店が集まるフードコートで、中庭のようなパブリックスペースで食事ができます。

日帰りできる!
バンコクからのショートトリップ

MUST SEE!

SHORT TRIP from Bangkok

1DAY TRIP!

Ayutthaya
P.098

アユタヤ

2DAYS TRIP!

Pattaya
P.106

パタヤ

ISLAND TRIP

Koh Lan
P.112

ラーン島

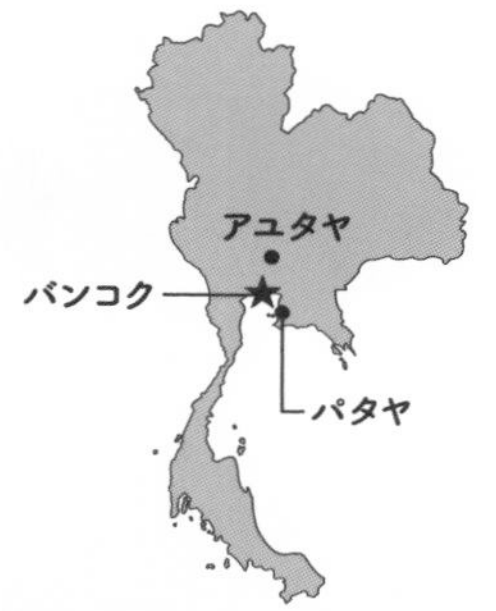

行ってきました!

NAVIGATOR

AYANO

アユタヤののんびりした雰囲気が好き。でも野犬に囲まれたことがある。

SAKI

海もタウンも楽しめるパタヤが好き。ビーチリゾートで浮かれがち。

SHORT TRIP - 1

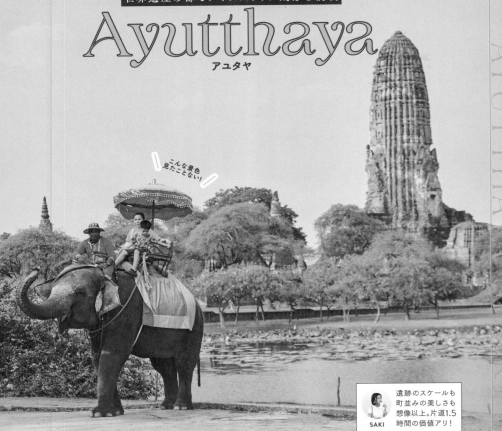

バンコクから約90分！壮大なスケールに圧倒される
世界遺産の都でタイムスリップ気分を満喫

Ayutthaya
アユタヤ

こんな景色見たことない！

遺跡のスケールも町並みの美しさも想像以上。片道1.5時間の価値アリ！
SAKI

遺跡の概念が変わる驚きだらけのアユタヤ

バンコクから日帰りで行けるアクセスの良さで、タイ旅行の人気スポットのひとつとして知られるアユタヤ。見どころである遺跡群は世界屈指のスケールを誇り、ユネスコ世界遺産にも登録されています。町中に点在する遺跡の数はもちろん、ど迫力のスケール、神秘的なムード、風情たっぷりの町並みも魅力的。行きたいところも見たいものも多すぎる町だからこそ、ベストスポットを知り、効率よく回ることがアユタヤです。そこで今回は、アユタヤを半日で満喫するためのプランをご紹介。まず、無限にある遺跡は「五大遺跡」と呼ばれる5つの寺院に絞ります。周辺のカフェやレストランに立ち寄りながらグルメもしっかり楽しめる、ベストルートをぜひ参考にしてください！

AYUTTHAYA SHORT TRIP

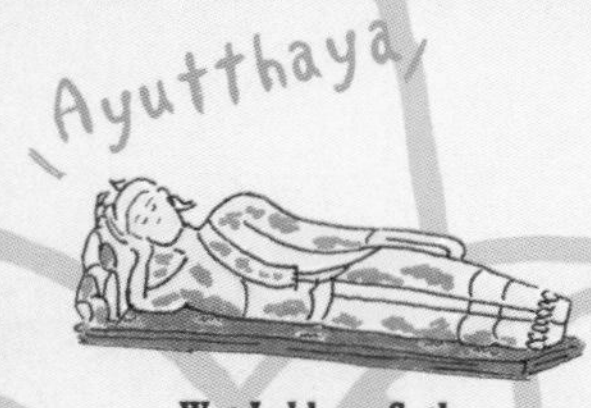

Ayutthaya

Wat Ratchaburana

Mae Pranee Boat Noodle

Ayutthaya Station

Wat Lokkaya Sutha

Wat Phra Mahathat

Busaba Cafe & Bake Lab

Night Market

Wat Phra Si Samphet

Pa Thon Rd.

Si Sanphet Rd.

Khlong Tho Rd.

U Thong Rd.

Wat Chai Watthanaram

Sala Ayutthaya

Chao Phraya River

アユタヤへのアクセス

☑鉄道で

バンコクのフアランポーン駅発着。所要時間は列車によって約90 ～120分。時間・座席ともに指定制で、エアコン付きの特急2等車は165B ～。

☑タクシーで

ドライバーと直接交渉してもOKですが、Grabアプリやホテルのコンシェルジュで依頼すると安心。所要時間は約90分、料金は1200 ～1500Bほど。

現地での移動

☑トゥクトゥクで

鉄道駅や主要な遺跡の周辺にて、数台待機しています。1回の乗車は80 ～100Bが相場。チャーターすることも可能で、1時間あたり200 ～300Bを目安に交渉しましょう。

☑レンタサイクルで

鉄道駅周辺や旧市街の街なかにレンタサイクルショップが点在しています。料金は1日50Bほど。時間に縛られず、自由に散策できるのが利点です。アユタヤの日差しはかなり強烈のため、帽子&サングラスが必須！ また、6 ～10月の雨季は突然のスコールに見舞われるリスクも。

おすすめ日帰りプラン

8:30 バンコク・フアランポーン駅出発

10:00 アユタヤ駅に到着 P▶100

10:30 ボートヌードルで腹ごしらえ P▶100

11:30 ワット・ラチャブラナ P▶101

12:30 ワット・プラ・マハタート P▶101

13:00 世界遺産を望む人気カフェ P▶102

14:00 ワット・プラ・シー・サンペット P▶102

15:00 ワット・ロカヤ・スター P▶103

16:00 ワット・チャイ・ワッタナーラーム P▶103

(+1DAY 一泊するならコレがしたい！ P▶104)

必ず食べたい
アユタヤ名物

遺跡の周辺は木陰が少ないため、帽子やサングラスは必須。こまめな水分補給も忘れずに

10:00
アユタヤ駅に到着

時間に余裕があれば、鉄道でのアクセスが断然おすすめ。車窓から広がるタイの古きよきのどかな風景に癒されながら、あっという間に到着です。

レトロなホームは写真映えも◎

1 現地での移動はトゥクトゥクのチャーターが便利。駅周辺に常時、数台がスタンバイしている 2 待合所もノスタルジックなムード満点！

Ayutthaya Station
アユタヤ駅

MAP P.171 C-1
Phra Nakhon Si Ayutthaya District

AYUTTHAYA SHORT TRIP

10:30
まずはアユタヤ名物のボートヌードルで腹ごしらえ

かつては船上で売られていたことが料理名の由来。街に点在する専門店の中でも人気絶大な老舗は、早めに訪れて行列を回避！

小盛りの麺はぺろりと完食

手際のよさにうっとり

1 1杯の量は日本のラーメンの3分の1ほど。1人2〜3杯は食べるそう 2 3 巨大な鍋&ずらりと並ぶどんぶりが目印 4 クイッティアオ・ルア40B。選べる具材は牛(ヌア)、麺は中細麺(センレック)がイチオシ

Mae Pranee Boat Noodle
メー・プラニー・ボートヌードル

MAP P.171 B-1
062-415-4626
14/6 Tambon Hua Ro
8:00〜16:00 休 火曜
アユタヤ駅からトゥクトゥクで10分

ローカルごはん♪

1 門をフレームに見立てて撮影するのがポイント
2 入口すぐの正門をくぐる様子をとらえた一枚

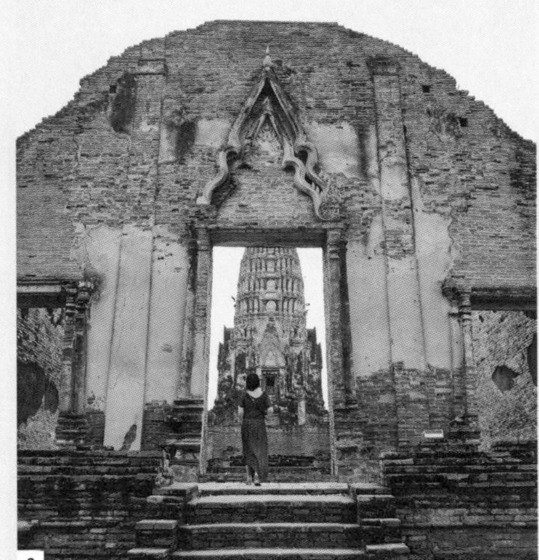

11:30

ワット・ラチャブラナで絵画のような写真を撮影

1424年に建設され、タイ最古と言われる壁画が見られます。ほとんどは破壊されているものの、門の先に凛と佇む仏塔がドラマチック。フォトスポットとしても大きな人気を誇ります。

Wat Ratchaburana
ワット・ラチャブラナ

MAP P.171 B-1
Chikun Alley Thambon Tha Wasukri 8:00～18:00 無休 ㊕拝観料50 B アユタヤ駅からトゥクトゥクで12分

世界遺産!

芸術的に絡む木の幹から仏像の穏やかな表情まで、全てが神秘的でした。
AYANO

12:30

木に覆われた仏像の頭が神秘的なワット・プラ・マハタートへ

13世紀を代表する仏教寺院の遺跡で、見どころは長い年月を経て菩提樹の木に覆われた仏像の頭。撮影する際は、自分の頭が仏像の頭よりも高い位置にならないように注意して。

Wat Phra Mahathat
ワット・プラ・マハタート

MAP P.171 B-1 Naresuan Rd. Thambon Tha Wasukri 8:00～18:00 無休 ㊕拝観料50 B アユタヤ駅からトゥクトゥクで12分

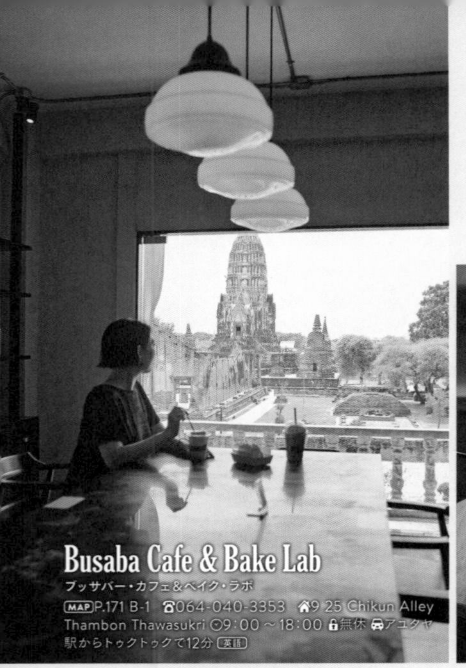

Busaba Cafe & Bake Lab

ブッサバー・カフェ&ベイク・ラボ

MAP P.171 B-1 ☎064-040-3353 🏠9 25 Chikun Alley Thambon Thawasukri ⏰9:00～18:00 🔒無休 🚗アユタヤ駅からトゥクトゥクで12分 英語

13:00

世界遺産を望むカフェでエネルギー補給

カフェが急増しているアユタヤで目指すべきは、ワット・ラチャブラナの真向かいにあるこちら。ベストスポットは3階の窓際で、仏塔を眺めながらのティータイムを楽しめます。

1 ベイク・ラボという店名の通り、自家製の焼き菓子がずらり。バターケーキ各100B 2 緑の看板が目印 3 一押しドリンクは、アイスキャンディをトッピングしたフロート。ココナッツ・フロート130B

14:00

アユタヤといえば!な風景が広がるワット・プラ・シー・サンペットを散策

アユタヤ王朝の初代王が建てた最初の王宮の跡地で、王室の守護寺院の遺跡。高さ約40mの巨大な仏塔3基が並ぶ、アユタヤで最も美しいと称えられる景色が広がります。

Wat Phra Si Samphet

ワット・プラ・シー・サンペット

MAP P.171 B-1

🏠Amphur Muang ⏰8:00～18:00 🔒無休 ㊊拝観料50B 🚗アユタヤ駅からトゥクトゥクで15分

アユタヤ最大の寺院でもあり、入口から仏塔まで徒歩10分ほど

SAKI 先端まで原型を保っている仏塔はレア。夜のライトアップも見応え◎!

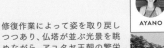

涅槃仏の背後には、ほとんどが破壊されてしまった寺院の遺跡が

15:00

ワット・ロカヤ・スターで巨大涅槃仏のスケールに息をのむ！

突如として現れる涅槃仏のサイズはなんと全長28m×高さ5m！ その大きさはもちろんのこと、殺風景な野外にどーんと寝そべる驚きの光景は、アユタヤならでは。

Wat Lokkaya Sutha

ワット・ロカヤ・スター

MAP P.171 A-1
199/29 U Thong Rd.
24時間 無休 料拝観自由 アユタヤ駅からトゥクトゥクで15分

16:00 アユタヤ一華麗と言われるワット・チャイ・ワッタナーラームの景観を心に刻む

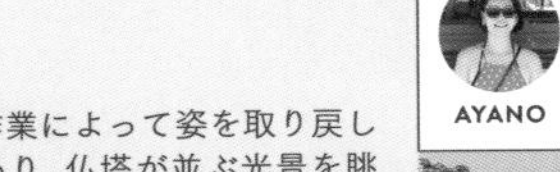

五大遺跡でダントツの広さ。日影がないので、夕暮れどきがおすすめ！

AYANO

修復作業によって姿を取り戻しつつあり、仏塔が並ぶ光景を眺めながら、アユタヤ王朝の繁栄を体感できます。周囲には伝統衣装のレンタルショップが点在し、撮影目的で訪れる人も多数。

Wat Chai Watthanaram

ワット・チャイ・ワッタナーラーム

MAP P.171 A-2
Tambon Bam Pom 8:00～18:00 無休 料拝観料50B アユタヤ駅からトゥクトゥクで20分

3

2

1

1 3 伝統衣装に身を包み、撮影をする人々。プロカメラマンによる撮影とのセットプランが人気 2 仏塔の間に日が沈む、幻想的な光景にうっとり

TODO-1

アユタヤで最も美しいと評判のホテルSala Ayutthayaにステイ

タイ各地でブティックホテルを展開するSalaブランド最高峰と称され、アユタヤを代表する人気ホテルのひとつ。遺跡にインスパイアされた赤煉瓦の壁を中心に、モダンなリゾート仕様の客室が広がります。

Sala Ayutthaya

サラ・アユタヤ

MAP P.171 B-2 ☎035-242-588 🏠9/2 Moo 4, U-Thong Rd. 🕘IN 15:00 OUT 12:00 ㊋1泊1室デラックス・リバー・ビュー 8000B～ 室26室 🚗アユタヤ駅からトゥクトゥクで10分 カード 英語

1

古都の風情と南国リゾートが見事に融合。唯一無二の空間に感動♡

AYANO

4

ROOM

寺院を望む客室も！

2

3

6

5

1 赤煉瓦の壁は人気フォトスポット 2 チャオプラヤー川に面した客室は10部屋 3 リバーサイドのレストランは宿泊客以外も利用可能 4 プールはモダンなリゾート仕様 5 レストランでは川エビのグリルを含むアユタヤの名物料理も豊富 6 ギャラリースペースでは、タイ人アーティストの作品を展示

TODO-2

幻想的なムードに気分が高まる 遺跡のライトアップは必見

夜になると、一部の遺跡がライトアップ。暗闇とのコントラストでいっそう厳かな雰囲気が増し、昼間とは異なる魅力を放ちます。夕食後の腹ごなしに、ぜひ散策してみてください。

ライトアップする主な寺院

ワット・ラチャブラナ、ワット・プラ・マハタート、ワット・プラ・シー・サンペット、ワット・チャイ・ワッタナーラーム

敷地内は入れず、外からの見学のみ。トゥクトゥクでめぐるのがおすすめ！
SAKI

MAP P.171 B-1
Bang Ian Rd.
アユタヤ駅からトゥクトゥクで10分

TODO-3

ローカルな雰囲気は郊外ならでは！ ナイトマーケットで夜食をGET

一直線に広がる屋台街で売られているのは、ほとんどが食べ物。定番の串焼きからアユタヤ名物の川エビのグリルまで、夜食にぴったりなメニューが並びます。

1 地元の人々や観光客で連日、大にぎわい 2 ワット・プラ・マハタートから徒歩3分の位置

1 12時30分～16時限定メニューのアフタヌーンティー・セット（2人分）790B 2 リバービューが広がる窓に近い席がベスポジ

TODO-4

予約必須な アフタヌーンティーで ホテルの魅力を堪能しつくす

サラ・アユタヤのルーフトップ・ラウンジ＆バーの対岸には、ワット・プッタイサワンが。絶景と共に味わうアフタヌーンティーを目当てに訪れる人も多く、予約が必須です。

バンコクからたった2時間で！
にぎやかな南国ビーチリゾートへ

Pattaya
パタヤ

東洋のハワイ!?

ビーチもタウンも満喫するなら、1泊するのがおすすめです♪

パタヤへのアクセス

☑タクシーで

バンコク市内から2時間～2時間30分。料金は交渉制で1500～2000Bが目安。ホテルのスタッフに交渉をお願いしても。

☑バスで

BTSエカマイ駅近くのバンコク東バスターミナル（MAP P.168 F-3）から約2時間30分。片道119Bで1時間おきに運行しています。

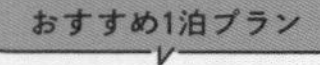

- 8:00 バンコクを出発&到着したらホテルに荷物を預ける
- 11:00 パタヤ・ビーチ周辺を散策 P▶108
- 13:00 ランチはシーフードレストラン P▶108
- 15:00 カオ・プラ・タムナックへ P▶109
- 20:00 ウォーキング・ストリートで夜遊び P▶109

DAY2

- 10:00 ゾウと触れ合えるスポットへ P▶110
- 14:00 オンザビーチのカフェでひと休み P▶110

現地での移動

☑ソンテウ

パタヤ・ビーチ周辺やジョムティエン・ビーチ周辺を周回する乗り合いタクシー。好きな場所から乗り降りできます。乗るときは手を挙げて止め、降りるときは押しボタンで知らせます。1回10B。

☑バイクタクシー

料金は交渉制。目安は約10分の距離で50Bほど。流しの乗用車タクシーはいません。

☑Grab

タクシーまたはバイクの配車アプリ。料金も安く、カード決済が可能。詳しくはP.61へ。

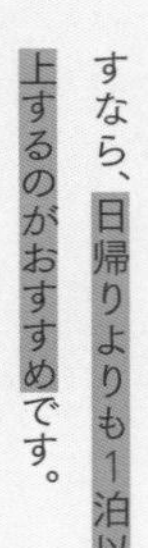

絶景ビーチに癒される プチトリップへGO♪

タイ湾に面するパタヤは、バンコクから南東へ約160㎞。車でバンコク市内から約2時間、スワンナプーム空港から約1時間30分というアクセスのよさも魅力のリゾートタウンです。メインビーチのパタヤ・ビーチ沿いにホテルや飲食店、ショッピングセンターが立ち並び、夜更かしも楽しいにぎやかな街。都会的なバンコクもいいけれど、せっかくならタイらしいビーチリゾートも満喫したい！ということで、パタヤへの小さな旅へ出かけました。絶景＆体験スポットと、ビーチ、ショッピング、グルメ、見どころ満載なパタヤを楽しみつくすなら、日帰りよりも1泊以上するのがおすすめです。

1 パタヤ・ビーチ沿いの「ビーチロード」がメインストリート 2 カオ・プラ・タムナックにある寺院へお参り 3 ウォーキング・ストリートは夜が楽しい！

Pattaya
Jomtien Beach
Khao Phra Tamnak
Jae Tum
Pattaya Beach
Jomtien Second Rd.
Thepprasit Rd.
Walking Street
Cave Beach Club
Pattaya Beach
Thepprasit Night Market
Nongnooch Tropical Botanical Garden
Sukhumvit Rd.
SEA ZONE
N

11:00

SAKI
ビーチでのんびりしたあとは、ビーチロード周辺を探検してみて！

まずはパタヤ・ビーチ周辺をお散歩

約４㎞続くパタヤのメインビーチ。パラソルをレンタルしてのんびり過ごしましょう。バナナボートやパラセーリングなど、マリンスポーツも楽しめます！

Pattaya Beach
パタヤ・ビーチ

パタヤ・ビーチ周辺
MAP P.171 C-4
Beach Rd. 散策自由 バリハイ桟橋から徒歩15分

食べ歩きも楽しい♪

南国気分爆あがり

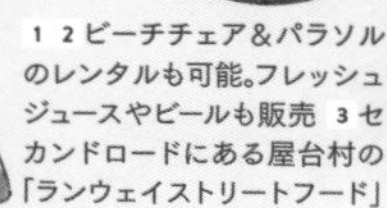

1 2 ビーチチェア＆パラソルのレンタルも可能。フレッシュジュースやビールも販売 3 セカンドロードにある屋台村の「ランウェイストリートフード」

ホタテのグリル280B（手前）、スズキの素揚げ420B（奥）

13:00

ランチはシーフード一択！

海沿いの街で味わいたいのはやっぱりシーフード！ということで、旅行者には知られていない地元の人気店へ。エビやカニ、貝などを好きな料理法で味わえます。

大きなエビがたくさん

エビの唐辛子＆ガーリック炒め1300B

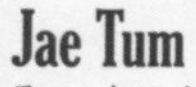

Jae Tum
チェー・トゥーム

ジョムティエン・ビーチ周辺 MAP P.171 B-4 ☎087-144-9929 44/114 Thep Prasit 17 11:00 ～ 22:00（土曜は11:00 ～ 15:00、17:00 ～ 22:00）火曜 バリハイ桟橋から車で10分

1 展望所の近くにある小さな仏教寺院、カオ・プラバートは見学自由 2 展望所になっている広場にあるベンチ。ブーゲンビリアがかわいい！

15:00

ビュースポットの カオ・プラ・タムナックへ♪

パタヤ・ビーチを見下ろせる2つの展望所のほかに、仏教寺院やオーシャンビューのカフェがあります。

Khao Phra Tamnak

カオ・プラ・タムナック

プラ・タムナック周辺 MAP P.171 B-4
Bang Lumuang District 見学自由 バリハイ桟橋から車で5分

コーヒー・ブレイク・パタヤは海を見下ろすカフェ。フルーツシェイク50B

20:00

どっちで夜遊び？ ウォーキング・ストリート orナイトマーケット

レストランやバーが立ち並ぶネオン街や、屋台グルメやショッピングが楽しいマーケットなど、夜更かしスポットへ！

Walking Street

ウォーキング・ストリート

パタヤ・ビーチ周辺
MAP P.171 C-4
バリハイ桟橋から徒歩5分

AYANO ナイトマーケットはバンコクよりも物価が安くて買い物が楽しい！

Thepprasit Night Market

テパシット・ナイトマーケット

ジョムティエン・ビーチ周辺
MAP P.171 B-4 18 Thepprasit Rd.
17:00～22:30 無休 バリハイ桟橋から車で10分

洋服や雑貨のお店もアリ

10:00

ひと足のばして**ゾウの触れ合いスポット**へ

パタヤ郊外にある広大なテーマパークは、人なつこいゾウにバナナをあげたり、ショーを見学できます。

バスで園内を一周できます。なぜか巨大な恐竜のオブジェが！

フードコートやおみやげショップもあり、一日中楽しめます！
SAKI
ゾウと一緒に記念写真♪
NONGNOOCH PATTAYA
ELEPHANT THEATER
芸達者なゾウたち
DINOSAUR VALLEY

Nongnooch Tropical Botanical Garden

ノンヌット・トロピカル・ボタニカル・ガーデン

パタヤ南部 MAP P.171 A-4 ☎081-919-2153 34 Na Chom Thian, Sattahip District 8：00～18：00 無休 ㊕見学料500B、見学+園内バス700B、見学+ショー 800B、見学+園内バス+ショー 1000B バリハイ桟橋から車で40分

14:00

オンザビーチのカフェでひと休み

パタヤ・ビーチの南側にあるジョムティエン・ビーチ沿いにはオシャレなカフェが点在しています。

1 ビーズクッションやソファでくつろげる 2 オンザビーチの席も 3 ココナッツ入りのシーフードカレー450B（上）、トウモロコシと塩漬け卵のソムタム180B（下）などランチメニューも充実

Cave Beach Club

ケイヴ・ビーチ・クラブ

ジョムティエン・ビーチ周辺 MAP P.171 B-4 ☎083-825-8283 Soi Na Jom Tien 10 11：00～24：00 無休 バリハイ桟橋から車で30分

Stay Plan at Pattaya

南国気分を満喫できる トロピカルリゾートに泊まりたい！

AYANO
海に面するリゾートホテルでは、一日中のんびりと過ごすのも◎！

RESTAURANT

1 目の前に見渡す限りの海が広がる「インフィニティ・レストラン」は、特にサンセットタイムが絶景！ 2 贅沢な地中海料理を楽しんで

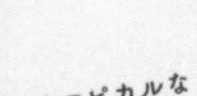

3 テラス付きの客室で絶景を独り占めできる 4 インターコンチネンタル・ホテルならではの快適なゲストルーム。プライベートプール付きのお部屋もあり 5 熱帯植物に包まれた3つのラグーンプール

TODO

ビーチリゾートで泊まりたいのは、やっぱりオーシャンビューのホテル！

大パノラマのオーシャンビューと充実のファシリティが魅力の5つ星ホテル。海に面した丘の斜面に、ホテル棟やヴィラ、プール、レストラン、スパなどが点在し、おこもりステイにもぴったり！

InterContinental Pattaya Resort

インターコンチネンタル・パタヤ・リゾート

プラ・タムナック周辺 MAP P.171 B-4 ☎038-259-888 437 Phra Tamnak Rd. IN 15:00 OUT 12:00 料1泊1室5593B～ 室156室 パリハイ桟橋から車で5分 カード 英語

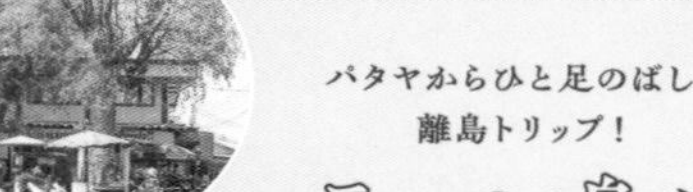

パタヤからひと足のばして
離島トリップ！

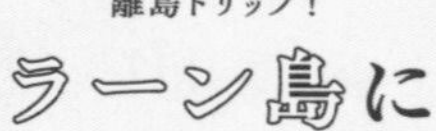

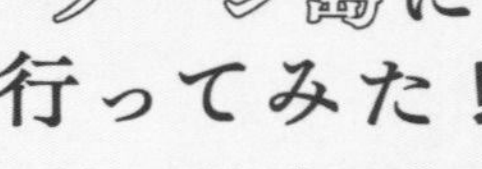

ラーン島に行ってみた！

パタヤからわずか15分で のんびり離島ステイ♪

パタヤの約7.5km沖合に浮かぶラーン島（MAP P.171 B-3）は、サンゴ礁に囲まれた小さな島。バンコクから最も近いリゾートアイランドとして知られ、海外からも多くの旅行者が訪れます。海水浴が楽しい5つのビーチやローカルレストラン、ナイトマーケットなどで、離島ならではののどかな時間を過ごしてみては？

パタヤからのアクセス

☑フェリーで
バリハイ桟橋から約45分、30B。ナバーン埠頭行きとターウェン埠頭行きの2種類あり、どちらも1時間に1本程度の間隔で運航します。

☑スピードボートで
バリハイ桟橋から約15分、150〜200B。チケットはバリハイ桟橋にいるボートのスタッフから現金で購入します。運航本数が多いので、予約不要。

ラーン島でしたいこと 5

KOHLAN-1

島内のビーチをホッピング

島最大のティエン・ビーチや、シュノーケリングスポットのターウェン・ビーチなど、小さな島なので1日で回れます。

KOHLAN-2

おしゃれカフェを探す♪

島内にはフォトジェニックなカフェが点在しています。なかでもKamari Cafeは店内に人工ビーチがあることで話題！

KOHLAN-3

ナイトマーケットを覗いてみる

ナバーン埠頭近くの広場は、地元の人々が集まるマーケットになっており、夜は特にたくさんの屋台でにぎわいます。

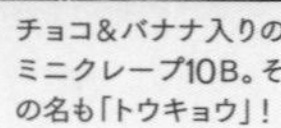

チョコ&バナナ入りのミニクレープ10B。その名も「トウキョウ」！

KOHLAN-4

ソンテウで島内をぐるっと

島内は乗り合いバスのソンテウで移動します。料金は距離により異なり、ナバーン埠頭からターウェン・ビーチまで20B。

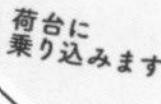

荷台に乗り込みます

KOHLAN-5

ローカルレストランでシーフード

ディナーにおすすめなのは、近海でとれた新鮮な魚介を味わえるお店。サバとセロリの炒め物130Bなどリーズナブル。

✤ショートトリップにまつわるエトセトラ✤

SHORT TRIP TIPS

Pattaya

01 ACCESS タクシーで行くなら“ピンクのガネーシャ”に寄り道

バンコクからタクシーで行けるパタヤ。ピンクのガネーシャ(P.28)は同方面にあるので、ドライバーに交渉して、行きや帰りに立ち寄るのがおすすめ。

02 BEACH ほかにもある! おすすめBEACH

南のジョムティエン・ビーチ(MAP P.171 B-4)はにぎやかなパタヤ・ビーチと比べ、比較的静かでのんびり過ごせます。北のナクルア・ビーチ(MAP P.171 C-4)は穴場な雰囲気!

ボディペイントはぼったくりに注意

03 SHOPPING パタヤ&ラーン島はバンコクより物価が安い!

一大観光都市のバンコクよりも、安くお買い物が楽しめるのも地方の魅力。例えばマーケットで買えるタイパンツは、バンコクでは150B、パタヤでは100Bが相場です。

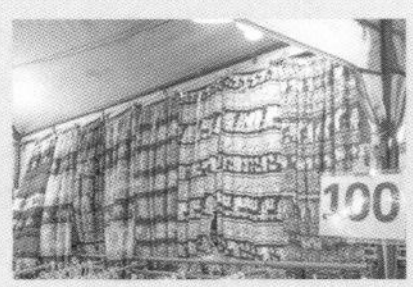

Ayutthaya

01 ACCESS アユタヤへのアクセス、最もおすすめは鉄道!

ローカル気分を楽しめて、値段もリーズナブルな鉄道。2023年7月現在、通勤車・普通列車はフアランポーン駅(MAP P.170 F-1)から、快速・特急・超特急列車はクルンテープ・アピワット中央駅(MAP P.162 E-1)から出発。

バスでも行けます

フアランポーン駅はバンコク中心部にあり、MRTも乗り入れている

02 HERITAGE アユタヤの遺跡群は世界文化遺産!

アユタヤ王朝の首都として栄華を極めたアユタヤ。遺跡群は歴史公園として整備され、1991年にユネスコ文化遺産に登録されました。

03 ELEPHANT ゾウに優しい触れ合い方法をチョイスして

背中に設置した椅子に座るゾウ乗り体験。長年続けたゾウは体を痛めてしまうと言われています。ゾウに優しい選択をしたいもの。

Nakhon Pathom ナコーン・パトム

バンコクから車で1時間30分

仏教の聖地として知られる

バンコクから西へ約55km。インドシナ半島で最初に、インドからお釈迦様の教えがもたらされたという仏教伝来の町です。プラ・パトム・チェディという世界最大級の仏塔がシンボル。

高さはなんと約120m

©タイ国政府観光庁

Kanchanaburi カンチャナブリー

バンコクから車で3時間

渓谷美の中で列車旅

バンコクから西へ約110㎞。エラワン国立公園やサイヨーク国立公園など、山と渓谷の自然美を楽しめます。壁すれすれに造られた全長約300mのタムクラセー桟道橋が写真スポット。

©タイ国政府観光庁

Short Trip そのほかのデスティネーション

バンコクからのショートトリップ。一番人気はアユタヤですが、郊外にはほかにも日帰りできる魅力的な小さな町があります。自由に旅するならタクシーをチャーター、楽さを選ぶなら現地の旅行会社のツアーに参加するのが便利です。

BANGKOK THE BEST TIME

IN THE Night

18:00 - 21:00

バンコクの日没時間は、夏は18時30分頃、冬は19時前後です。チャオプラヤー川が茜色に染まる夕暮れ時は、バンコクの街が最も美しく輝くときと言っても過言ではありません。夕景を楽しんだあとは、お待ちかねのディナーに出かけましょう。

チャオプラヤー川のほとりに佇むワット・アルン(P.20)。対岸からの眺めは絶景

1 ニューヨークの3つ星レストランで修業を積んだ、オーナーシェフのトン氏。ル・ドゥのほか6店舗を経営 2 コースのペアリングはワインまたはコンブチャから選べる 3 古い邸宅をリノベーションした店内は、シンプルで落ち着いたムード

BEST TIME

18:00

とびきり贅沢なディナーで胸もお腹もいっぱい♡

バンコク食体験のハイライトは ミシュランの名店で決まり!

アジアを代表する美食の街、バンコク。
ミシュランの星を獲得した
最高峰のタイ料理は、忘れられない味に!

IN THE NIGHT (18:00-21:00)

Le Du
ル・ドゥ

アジアNo.1に認定

2019年から絶えずミシュランの星を獲得している、モダンタイ料理のレストラン。2023年にはアジアのベスト・レストラン50の1位に輝きました。

シーロム周辺 MAP P.167 B-2
☎092-919-9969 🏠399/3 Silom soi 7 ⏰18:00～23:00
🔒日曜 🚗BTSチョンノンシー駅から徒歩2分 カード 英語

タイの伝統的な料理を、フレンチなどの手法を用いてアレンジ。味わいもさることながら、プレゼンテーションもとびきり美しい。コース内容はシーズンごとに変化

ワインと好相性

メニューは4品(3900B)と6品(4500B)のコースのみ。手前はシグネチャーの、大きな川エビを使ったメイン

ル・ドゥ、ボトンともに公式サイトで予約が可能です。直前でのキャンセルは全額負担となるので注意!

シグネチャーは鴨を使ったメイン。14日熟成させてパリパリに焼き上げた鴨肉を、鴨のハツや麻婆豆腐、混ぜご飯と共にサーブ

POTONG
ポトン

独創的なタイ×中華

中華系移民のルーツを持つシェフが手がける、タイと中華のフュージョン。2021年にオープンし、翌年ミシュランの星を獲得しました。

チャイナタウン MAP P.170 D-1
☎082-979-3950　🏠422 Vanich Rd. ⏲17:00～22:00
🔒火曜・水曜 🚗MRTワットマンコン駅から徒歩7分 カード 英語

1 2オーナーシェフのパム氏は中華系移民四世。1910年に建てられたという店のビルは、かつて先祖が漢方店を営んでいたそう 3最上階にあるオピウム・バーのみの利用も可能 4タイを代表する2大カニの魅力をひと皿で表現した前菜。メニューはテイスティングコース(5500B)一択

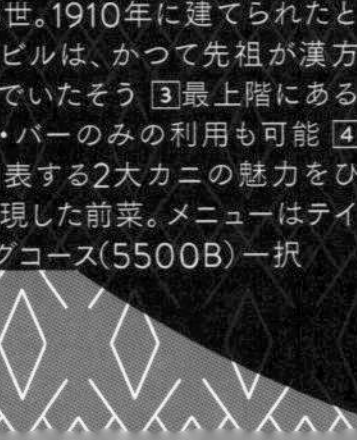

BEST TIME

18:00

味もムードも最高すぎて、幸福度120点♡

タイの食ツウが通う 一流ホテルのレストラン3

ワンランク上の食体験は一流ホテルで決まり！

トレンドに左右されず、タイムレスな魅力を放ち続ける一流ホテルのレストラン。近年バンコクではホテルが続々と誕生しており、多種多様な料理を提供するレストランがそろっています。ということで、バンコクに住む食ツウの口コミから、味、雰囲気、サービスのよさを兼ね備えた3軒を厳選。ワンランク上の食体験をお約束します♪

ピンクとゴールドを基調にした店内はモダンながら温かみがあり、心安らぐ空間に

オホ・バンコク

バンコクの街並みを一望

ザ・スタンダード(P.150)で一番人気を誇るレストラン。タイ食材を使ったメキシカン・フュージョンがユニーク。マハナコーンタワーの76階に位置する店は全面ガラス張りで、昼夜ともに抜群の景観を楽しめます。

シーロム周辺 MAP P.167 B-3

☎02-085-8888 114 Narathiwas Rd., King Power Mahanakhon 76F 11:30～14:30、17:30～23:30 無休 BTSチョンノンシー駅から徒歩5分 カード 英語

1 メキシコ人シェフがイチオシする前菜は、ブラータチーズ入りサラダ430B、イクラをのせたワカモレ540B、ベビーコーンのエスキーテス390B、ツナのタルタル850B 2 メインより、子豚をカリカリに焼き上げたコチニージョ2550B。自家製トルティーヤ&もち米がセット 3 色とりどりのカクテルが美しい

✦✦✦ 球体をモチーフにした装飾が印象的なオホ・バンコクは、映えスポットの宝庫。なかでもトイレは要チェックです！

Spice Market
スパイス・マーケット

香り高いカレーが絶品

スパイスを駆使したオーセンティックなタイ料理を、アラカルトでオーダー可能。メニューは6カ月ごとに変わります。

サイアム周辺 MAP P.164 D-3
☎02-431-9496 🏠155 Ratchadamri Rd. アナンタラ・サイアム・バンコク1F ⏱12:00 ~ 14:30、18:00 ~ 22:30 🔒日曜のランチ 🚗BTSラチャダムリ駅から徒歩3分 カード 英語

アナンタラ・サイアム・バンコク内にある。店内はタイのスパイス市場をイメージ

1デザートはマンゴー&もち米のカオニャオ・マムアン350B 2タイガープローンのスパイス炒め1520B 3ソム・タム(パパイヤのサラダ)&ガイ・ヤーン(グリルチキン)400B

シナモンやカルダモンなどが香るゲーンキアオワーン(グリーン・カレー)400B

ランチはリーズナブルなコースを提供。写真のコースはロン・チム・パック・タイ。8品で2800B(2人分)

古くから親しまれる味わいを上質な食材でグレードアップ。シェフ自慢の11品を味わえるコース、サム・ループは5000B(2人分)

Phra Nakhon
プラ・ナコーン

ホテルメイドの家庭料理

チャオプラヤー川のほとりにあるカペラ・バンコク内のレストラン。オーセンティックなタイの家庭料理を味わえます。数種類のコースのほか、アラカルトメニューも豊富。

チャオプラヤー川周辺
MAP P.162 E-2
☎02-098-3817 🏠300/2 Charoenkrung Rd., カペラ・バンコク B1F ⏱6:30~23:00(~11:00は朝食メニュー) 🔒無休 🚗BTSサパーンタクシン駅から徒歩10分 カード 英語

日本人も大好きな味！イサーン料理って？

イサーン料理とは、タイの東北部・イサーン地方で親しまれる料理の総称。かつて、出稼ぎ労働者を通じてバンコクで広まったと言われています。土壌に恵まれず、海もないことから、発酵食材や煎った米粉などを使い、工夫を凝らした料理が多数。その深い味わいは世界中の人々を魅了し、日本でもポピュラーなソムタムやガイヤーン、もち米など、代表的なタイ料理の多くをイサーン料理が占めています。「私の好きなものばかり！」という人こそ特に訪れてみてほしいのが、こちらのザオです。食材は全てイサーン産にこだわり、イサーン出身のシェフたちがそれぞれの家庭料理を再現。日本ではなかなか出合えない、本場の味を楽しめます。

BEST TIME

18:00

MUST EATなメニューを選ぶべし！

本場でしか味わえないイサーン料理

イサーン産食材にこだわった MUST EATな5品

エッグプラント・レリッシュ・ウィズ・クリスピー・ポークスキン
Eggplant Relish with Crispy Pork Skin 220B

クレイポット・ローステッド・ポークネック
Clay Pot Roasted Pork Neck 350B

1

2

スパイシー・マンゴスチン・サラダ・ウィズ・ファーメンテッド・フィッシュソース・アンド・クラブペースト
Spicy Mangosteen Salad with Fermented Fish Sauce and Crab Paste 320B

3

4 5

グリルド・クレイヴド・フィッシュ
Grilled Craved Fish 350B

パープル・スティッキー・ライス
Purple Sticky Rice 30B

1特製タレで漬け込んだ豚トロのグリル 2ナスのディップ。カリカリとした豚の皮の素揚げにつけて食べる 3イサーン料理を代表する、煎った米粉を使ったサラダ。スパイシーなタレとマンゴスチンの甘さが絶妙にマッチ 4イサーン地方の主食はもち米 5人気No.1の川魚のグリル。イサーン地方は海がなく、川魚をよく食べる

1レストランの入口横にある窓の奥はキッチン。シェフたちが料理に勤しむ様子を見ることができる 2シンプルなしつらいの店内

1

2

IN THE NIGHT (18:00-21:00)

✦✦✦ メニューはアラカルトのみ、終日提供しています。最も混むのはディナータイムの19～21時で、週末は予約をするのが賢明。

ZAO Ekkamai

ザオ エカマイ店

本場の味をバンコクで再現

イサーン地方出身のオーナーが、地元の家庭の味をコンセプトにオープン。スパイスやハーブを含む食材は全てイサーン産にこだわり、日本ではあまり見ない珍しい料理が多数そろっています。

スクンビット周辺 MAP P.162 F-2
☎063-246-9545 🏠155 Soi Pridi Bonomyong 25 Sukhumvit 71 Rd. ⏰11:30～23:00 🔒日曜
🚗BTSエカマイ駅から車で5分 カード
英語

BEST TIME
18:00

ハーブのエキスたっぷりなスープが絶品なんです♡
タイ東北地方の鍋"チムチュム"を激推し!

鍋好きにおすすめしたいのが、イサーン地方の郷土料理・チムチュム。バンコク中心部で手軽に食べられる人気店がこちらです。

これがセット!

野菜＆肉のセットがスタンダード。メインは鶏、豚、牛が主流。シーフードも人気です

豚肉タイしゃぶセット 230B

新鮮な野菜たっぷり

食べかた

Step 1
沸騰したら野菜を入れる

鍋が運ばれてきたら沸騰するまで待ち、まずは野菜と春雨を投入します。

Step 2
肉を入れて煮立てる

セットの生卵を肉の皿に落とし、簡単に和えてから鍋へ。フタをして煮立ったら完成!

Baan Esan Muang Yos
バーン・イサーン・ムアン・ヨット

イサーン料理が豊富にラインアップ

チムチュムのほかにも多種多様なイサーン料理をリーズナブルに楽しめる、スクンビットエリアの人気店。22時過ぎまでかなり混み合うため、予約をするのがベターです。

スクンビット周辺 MAP P.169 C-1
☎089-012-5750 19/1 Sukhumvit 31 Rd. 16:00～翌1:00 無休 BTSプロームポン駅から徒歩12分 カード 英語

コレも食べたい!

揚げエビのクリスピー 100B

小エビをカリカリに揚げて、塩で味付け。ビールと好相性!

サイクローク・イサーン 110B

豚肉ともち米の発酵ソーセージ。程よい酸味がやみつきに

IN THE NIGHT (18:00-21:00)

✦✦✦ バンコクの街なかには、茶色の丸鍋が並ぶチムチュム屋台も多数。野外で汗を流しながらチムチュムを食すのも、タイ旅行の醍醐味です。

アツアツを頬張ろう

WHAT'S チムチュム鍋？

生姜やレモングラス、コブミカンの葉など、数種類のハーブを煮込んだスープで、肉や野菜を煮込む鍋料理。お好みで、唐辛子とニンニクたっぷりのタレをつけて食べます。

好きな具材をチョイス！

こちらの店は鍋と具材が別料金。鍋は80B、具材は20B～で、好きなものを好きなだけ頼むことができます。具材は少量のため、いろんな種類を楽しめるのがGOOD！

スパイシー・シュレデッド・バンブーシュート・サラダ
Spicy Shredded Bamboo Shoot Salad 50B

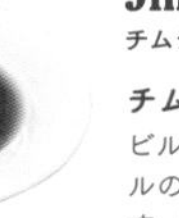

タケノコのサラダはイサーン地方の名物料理のひとつ。フレッシュミントが爽やかに香る

Jim Jum Suthiporn

チムチュム・スティポーン

チムチュムをリーズナブルに提供

ビル1階の店舗の向かいに屋台スタイルの席も有する、チムチュム専門店です。リーズナブルな価格設定で、満席になることもしばしば。朝方まで営業しており、夜食としても◎。

ラチャダー周辺 MAP P.162 F-2
☎081-513-8027 🏠797/82 Soi Pracha Songkhro 2 🕘17:00～翌4:00 🔒毎月5日、20日 🚗MRTプララーム9駅から車で5分 英語

18:00 BEST TIME

IN THE NIGHT (18:00-21:00)

トムヤムクンLOVERはまずココ行って！

クセになる濃厚スープは毎日、毎食でも食べたい♡

トムヤムクンは2種類あるって知ってた!?

違いはココナッツミルクやクリームの有無。入っているものは「トムヤムクン・ナームコン」、入っていないものは「トムヤムクン・ナームサイ」と呼びます。日本でポピュラーなのは前者です。

Tom Yum Goong（Cream）
トム・ヤム・クン（クリーム）
290B

大きなクルマエビ入り。ナームコン（クリーム）とナームサイ（クリア）が選べる

Spot 1
チャオプラヤー川沿いの名店

チャオプラヤー川のほとりにあり、川の向こうにワット・アルンを望む

Supanniga Eating Room Tha Tien

スパンニガー・イーティング・ルーム・ターティアン

タイ伝統の器にも注目

タイ東部トラート県やイサーン地方に伝わる家庭料理のレシピをモダンにアレンジ。ワット・アルンを望むルーフトップ席が特等席。トンローやセントルイス駅近くにも支店あり。

王宮周辺 MAP P.163 B-3
☎092-253-9251
392/25-26 Maharaj Rd.
11:00～22:00（土・日曜は10:00～）無休
MRTサナームチャイ駅から徒歩6分 カード 英語

1 Ka Lum Tod Nam Pla
カラン・トート・ナンプラー
180B

ご飯ものはコレ

2 Khao Klook Ka Pi
カオ・クルッ・カ・ピ
220B

もち米のお団子と共に

3 Isan Steak Beef
イサーン・ビーフ・ステーキ
390B

1キャベツのナンプラー炒めが名物料理 2エビのペーストで炒めたジャスミンライスを豚肉やグリーンマンゴーとまぜていただく 3タレに漬けた牛肉のステーキ

✦✦✦ こちらの3店舗以外では、プラ・ナコーン（P.119）のトムヤムクンも絶品でした♡

世界三大スープの本場の味を体験！

パクチーやレモングラス、ガランガル、こぶみかんの葉など、さまざまなハーブやスパイスの芳醇な香りに加えて、酸味・辛味・甘みのすべてを兼ね備えたトムヤムクン。その**唯一無二の芳醇な味わいは"タイ料理の王様"とも称され、世界三大スープに名を連ねています。**ちなみにエビの代わりに鶏を使うとトムヤムガイに、魚を使うとトムヤムプラーとなり、タイでは多様な具材で親しまれています。でも個人的には、やっぱりエビのダシが効いたものが一番おいしい！日本のタイ料理店でも食べられますが、**新鮮なハーブが豊富な本場では、より深い味わいを堪能することができます。**ということで今回は、トムヤムクンのおいしさで一躍有名になった3軒をご紹介します。

Spot 2
カオサンエリアで行列のできる屋台

Tom Yum Kung
トム・ヤム・クン
150B

大きなエビがごろごろ！

濃厚で具沢山なこちらのトムヤムクンは、カレーのようにご飯にかけて食べるのがおすすめ

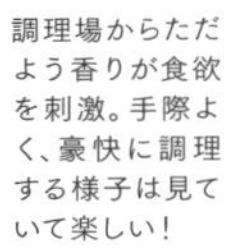

調理場からただよう香りが食欲を刺激。手際よく、豪快に調理する様子は見ていて楽しい！

Mam Tom Yum Kung

メム・トム・ヤム・クン

シーフードが人気の屋台

トムヤムクンを店名に冠した屋台。店先にずらりと並んだ新鮮なシーフードを使った料理に定評があります。

王宮周辺 MAP P.163 B-1
☎089-815-5531 🏠Soi Kraisi ⏲8:00～20:00 🔒月曜 🚗MRTサムヨート駅から車で10分 英語

Spot 3
名物シェフ秘伝のトムヤムラーメンが大人気

Freshwater Prawn
フレッシュウォーター・プローン
100B

名物シェフのオーさん

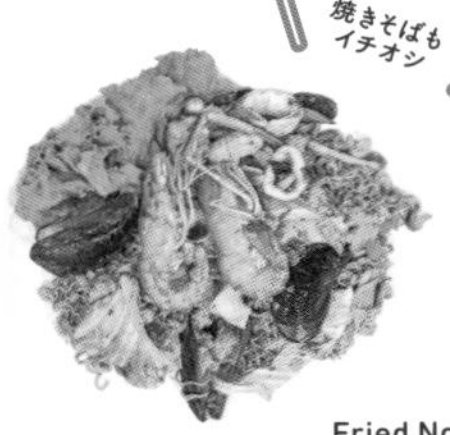

1 伊勢海老を丸ごとのせた、豪快なトムヤムヌードル1500B 2 川エビのミソを使った、コクの深いスープが特徴。大きな川エビとムール貝、イカがたんまりと入っている

焼きそばもイチオシ

川エビとその卵をたっぷり使ったトムヤム味の焼きそば。なつかしい味わいの乾麺を使用

Fried Noodles with Tom Yam Seafood
フライド・ヌードル・ウィズ・トム・ヤム・シーフード
150B

Pe Aor

ピー・オー

名物シェフがお出迎え

テレビの料理番組で一躍有名になったシェフがオーナー。店内には、店を訪れたタイのスターの写真がずらり！

サイアム周辺 MAP P.162 E-2 ☎02-612-9013 🏠68, 51 Phetchaburi Rd. ⏲10:00～21:00 🔒月曜 🚗BTSラーチャテーウィー駅から徒歩7分 英語

Price
Gel Nail 2 Color
ジェルネイル(2カラー)
499B

1午前中と夜は比較的すいている 2トンロー通りあり、同ビルに人気カフェバー・ハオもある

Nail House Bangkok

街ナカ

ネイル・ハウス・バンコク

ピンクのネイルサロン

パステルカラーがかわいいお店。ワンカラーのジェルなら約1時間で完成します。地元っ子にはアイラッシュやフットスパが大評判。

スクンビット周辺 MAP P.168 E-1
☎097-2305301 🏠353 Soi 17 Sukhumvit 55 Rd. ⏲9:00～23:00(最終受付21:30) 🔒無休 🚗BTSトンロー駅から車で3分 カード
予約方法 電話またはLINEで
URL nailhousebangkok.com

デザインやカラー豊富

アートは1本100B！

IN THE NIGHT (18:00-21:00)

サクッと！ネイルで手元をデコレート

PRICE LIST

- Gel Nail 1 Color ジェルネイル(1カラー) …299B(13時以降399B)
- Foot Gel 1 Color フットジェル(1カラー) …599B
- Foot Spa フットスパ …1299B(13時以降1499B)
- Eye Lash アイラッシュ …999B(13時以降1199B)

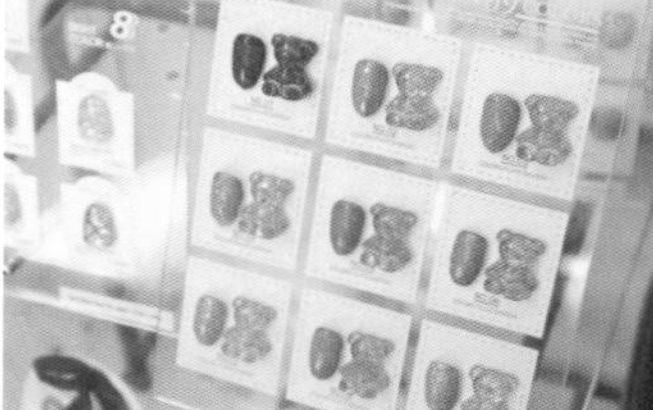

ネイルカラーやジェルのサンプルは多数

フットスパもおすすめ

アイラッシュも人気！

ネイルケアは時間が空いた夜がベスト

バンコクに数あるネイルのお店。ショッピングセンターや駅ナカなどにもあり、仕事帰りにサクッとネイルケアするバンコク女子も多数です。われわれ旅行者も、昼間は観光やショップめぐりで忙しい！ということで、一日の終わりに施術できる、夜まで営業しているお店を探してみました。ネイルのお店は席が空いて入ればウォークイン可能ですが、ネットやSNSで予約できるところがほとんど。言葉が通じなくても、サンプルがたくさんあるのでマイペンライ(問題なし)♪

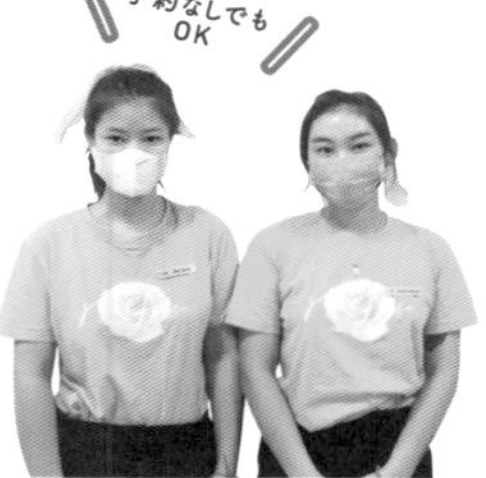

予約なしでもOK

✦✦✦ ネイル・ハウス・バンコクでは現在、無期限プロモーション中！ 通常1000Bのジェルが299B ～(約1200円)と超お得。

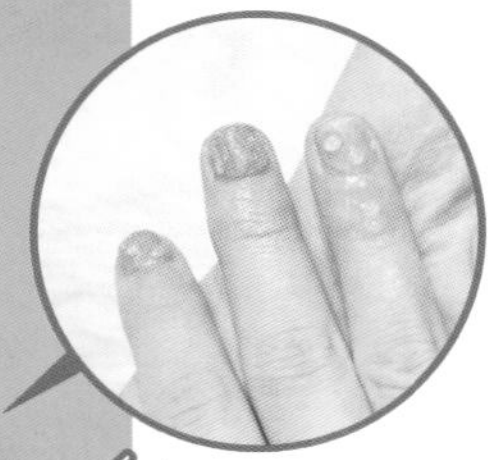

立体的な
デザイン♡

Nail it! Tokyo BTS Siam

ネイル・イットｌ トーキョー BTSサイアム店

アクセス◎な駅ナカ店

バンコク中心部の駅ナカを主に展開する、日本人オーナーによるネイルサロン。スピーディかつリーズナブルなサービスに定評があります。

サイアム周辺 MAP P.165 B-2
☎063-231-6399 🏠BTS サイアム駅内・Exit1付近 🕙10:00～20:00 🔒無休 🚗BTSサイアム駅構内 カード 英語
予約方法 電話で

Price
Gel Polish 2-3 Color
ジェル・ポリッシュ 2-3色
250B
＋
3D Paint
3D ペイント
70B×10本

TOTAL
950B

BEST TIME 19:00

空いた時間にお手頃

1 2 キュートから大人っぽいものまで、豊富なデザインが 3 ジェルのカラバリもばっちり

カラバリが
たくさん

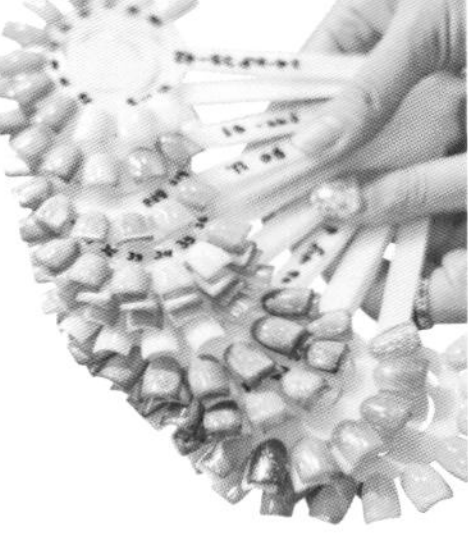

PRICE LIST

- ☑ Gel Polish ジェル・ポリッシュ
  …1色 200B、2-3色250B、4色以上
  …300B
- ☑ Classic French Nail
  クラシック・フレンチ・ネイル
  …350B
- ☑ Glitter Gel Color
  グリッター・ジェル・カラー
  …350B
- ☑ Small Paint スモール・ペイント
  …1本 50B
- ☑ Accessories アクセサリー
  …1本 5B～50B

BEST TIME

19:00

バンコクの夜景にうっとり♡

チャオプラヤー川ディナークルーズを体験してみた！

1

サンセットも絶景！

街が美しさを増す日没時からスタート

外せない夜の体験のひとつが、チャオプラヤー川沿いの夜景を満喫できるディナークルーズ。ホテル・バンヤンツリー・バンコクがプロデュースするリバークルーズは、まるでホテルレストランのようなラグジュアリーな空間が魅力です。天井までガラス張りになった大きな窓の外には、ライトアップされたワット・アルンなどエキゾチックなパノラマビューが広がります。ディナーはホテルシェフが手掛けるモダンタイ料理のコース。食後はルーフトップに移動して、ロマンチックな夜景を楽しみましょう。

出港場所はアイコンサイアム

ディナークルーズはリーズナブルなビュッフェやラグジュアリーなコース料理など複数の会社が運航しています。

1 アジアティーク・ザ・リバーフロントの観覧車を望む 2 ルーフトップはバーになっており、開放的な景色を楽しめる 3 ガラス張りの船内 4 コースは前菜からデザートまで4品 5 乗船後、まずはウエルカムドリンクが提供される

Saffron Cruise

サフロン・クルーズ
☎02-679-1200
(バンヤンツリー・バンコク)

CRUISE DATA

Saffron Luxurious Dinner Cruise

サフロン・ラグジュリアス・ディナークルーズ

時間 19:00～22:00(チェックイン18:00) 料金 2850B
集合場所 アイコンサイアム・ピア2 MAP P.170 E-4
ドレスコード スマートカジュアル 予約方法 ネットまたは電話で(要予約)
URL www.banyantree.com/thailand/bangkok/dining/saffron-cruise

ワット・アルンも見える

4 2

出港前にカンパイ!

5 3

クルーズの流れ

1 船着き場に集合
集合場所はアイコンサイアム前にある船着き場。スタッフにバウチャーを見せて出航を待ちます。

2 乗船
時間になったら乗船。まずはルーフトップのバーでウエルカムドリンクをいただきます。

3 船内に移動
景色を楽しんだら、レストランさながらのラグジュアリーなディナー会場へ案内されます。

4 ディナー
ホテルシェフが手掛けるタイ料理のコースを堪能。前菜、スープ、メイン、デザートの4品。

5 フリータイム
食後は船内でくつろぐもよし、ルーフトップに出て夜風にあたるのもよし。

6 クルーズ終了
出航場所のアイコンサイアムに到着したらクルーズ終了です。

BEST TIME

19:00 ひと晩でローカルグルメ10品以上を制覇! トゥクトゥクdeフードツアーを徹底ルポ

Let's Go!

参加したのは

Tuk Tuk DATA

Bangkok Best Eats Midnight Food Tour By Tuk Tuk
バンコク・ベスト・イーツ・ミッドナイト・フードツアー・バイ・トゥクトゥク

開催時間 19:00～23:00 所要時間 約4時間
料金 2250B 言語 英語(ガイド)
予約方法 電話またはネットで
問合せ ☎095-943-9222
URL https://www.bangkokfoodtours.com/
※食事の内容や品数は変わる可能性あり

ガイドさんとポーズ！

IN THE NIGHT (18:00-21:00)

タイの名物料理をひと晩で食べつくす！

食べたいものがありすぎて、何から手をつければいいのかわからない！ そんな人におすすめするのが、バンコクのおいしいものを食べて回るフードツアーです。バスや自転車で移動するタイプもありますが、タイらしさで選ぶなら、やっぱりトゥクトゥク！ バンコク市内を爆走しながら、ビブグルマンの名店からイサーン料理店、屋台まで、さまざまなフードスポットをめぐります。しかも花市場やルーフトップバーなどの観光名所も網羅。各スポットでは待ち時間なくスムーズに食事ができるところがGOOD。ガイドさんが料理について丁寧に解説してくれ、タイの食文化について深く知ることができるのも高ポイントです。実際に参加した筆者が、お腹も心も大満足なツアーの内容をリポートします♪

トゥクトゥクに乗って、いざ！ グルメツアーへGO!!

集合場所はMRTサムヤーン駅

参加者がそろったら早速、出発です！

1食目はビブグルマン店のスキナーム

タイスキ味の春雨炒め。野菜たっぷり♪

口直しのデザート♡

屋台のマンゴー＆もち米。少量がうれしい！

行く先々で出されたものを食べるシステムなので、英語が話せなくても全く問題ありません！

6
7
8
9
10
11
12
13
14
15
16
17
18
19
20
21
22
23
0
お次は
チャイナタウン
参加メンバーと
団欒ディナー♪
イサーン
料理店に到着!
蓮の花細工に
挑戦♪
花市場を
サクッと散策
ひと口サイズの
屋台スイーツをつまみ食い
ど迫力な
キッチンに潜入!
焼きたての
ムーピン♡
まだまだ
食べます!
胸もお腹もいっぱい♡
な笑顔です
ルーフトップバーで
シメのカクテル♪
最後のごはんは
クイッティアオ・オップガイ

ずらりと並ぶ屋台を見ながら大通りを散策

世界各国からの参加者と料理をシェア

ソムタムやガイヤーン、ラープムーなど5品

完成品は持ち帰って飾りました♡

24時間営業しているタイ最大の花市場へ

タロイモ＆ココナッツの餅にどハマり!

食事のラストはビブグルマンの名店

おかわりOKでしたが、1本が限界(笑)

串焼き屋に立ち寄ってムーピンをパクリ

ワット・アルンを背景に記念写真

終点は王宮エリアの絶景スポット

モチモチの米麺が絶品。リピート確定!

BEST TIME
21:00

ギラギラなネオン街にテンションUP↑↑

カオサン・ロードでナイトウォーク

IN THE NIGHT (18:00-21:00)

ネオン輝くカオスなストリート

カオサン・ロード(カオサン通り)はバックパッカー街として知られ、約300mほどの通りにレストランやカフェ、バー、マッサージ店などが所狭しと軒を連ねるにぎやかなストリート。夜になるとお店のネオンが点灯し、屋台や露店が出るなどさらににぎやかに! ディナー後にバーめぐりをしたり、一日歩き疲れた体をマッサージで癒したり、露店でのお買い物を楽しむなど、夜こそ楽しいエリアです。ちなみにカオサン通りが最もにぎわうのは、夕方18時頃から日付が変わる頃まで。クラブやバーは夜中の3時頃までやっているところも。

カオサン・ロードでしたいこと3つ

1 オシャレなバーで夜更かし!

Madame Musur
マダム・ムッシュー

通りに面したテラス席が◎
カオサン通りのすぐそばのランブトリ通りには、テラス席のあるオシャレなバーが集まり、ゆっくりとお酒を楽しめます。インテリアが素敵なマダム・ムッシューは、カクテル170B～。
王宮周辺 MAP P.163 B-1
☎02-281-4238 41 Soi Rambuttri 8:00～24:00 無休 MRTサムヨート駅から車で10分 カード 英語

2 お手頃足マッサージ

涼しい店内でひと休み♪

マッサージ店は予約なしでふらっと立ち寄れます。タイマッサージとフットマッサージはともに30分150B程度。

3 屋台グルメ&露店ショッピング

チョコバナナロティ60B

スイーツの屋台が多く、食後のデザートのハシゴが可能! 露店ではタイパンツ150Bやカゴバッグ500Bなどが買えます。

この写真を撮影したのは、バンコク・ビュー・ルーフトップ・バー(MAP P.163 B-1)です。

Khao San Road

カオサン・ロード

バックパッカーの聖地

長期滞在に向いたリーズナブルなホステルが多数。2000年に公開されたレオナルド・ディカプリオ主演の映画『ザ・ビーチ』に登場したことで一躍有名になりました。

王宮周辺 MAP P.163 B-1

MRTサムヨード駅から車で10分

BEST TIME

22:00

毎日でも訪れたい！

お手頃マッサージ店でしっかり疲れをリカバー

マッサージの本場らしく、店が街のいたる所に点在。リーズナブルな価格で、本格的な施術を受けることができます。

HOW TO

✓ 予約は必要？
飛び入りOK。ただし人気店で決まった時間に受けたい場合は、予約するのが賢明。

✓ 貴重品はどうするべき？
荷物はカゴに入れて、枕元に置くスタイルが大多数。不安ならばホテルに置いておこう。

✓ チップはいくらくらい？
50～100Bが相場。施術後にさっと渡せるよう、あらかじめ現金を準備しておくべし。

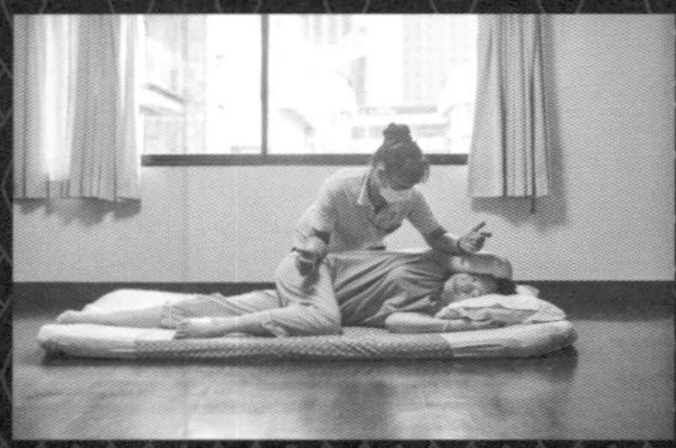

ワット・ポー式のマッサージは、ストレッチの要素が多いことが特徴。ときにアクロバティックな施術が痛気持ちよく、体のすみずみまでほぐれる

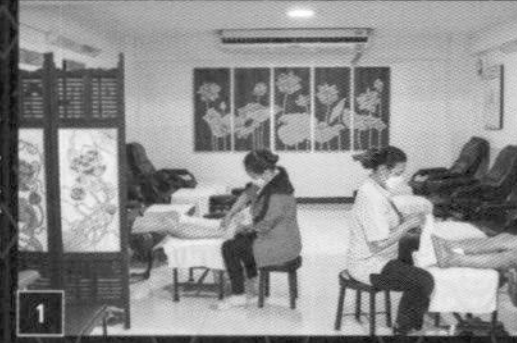

1 30分から受けられるフットマッサージは200B～ 2 足裏の角質とり150B。つるつる＆ピカピカに♪

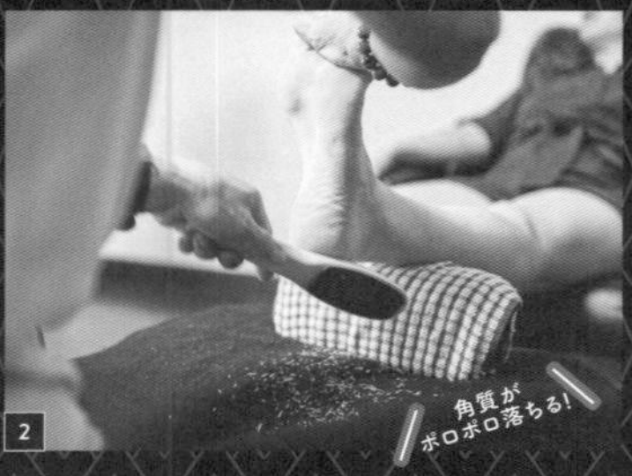

角質がポロポロ落ちる！

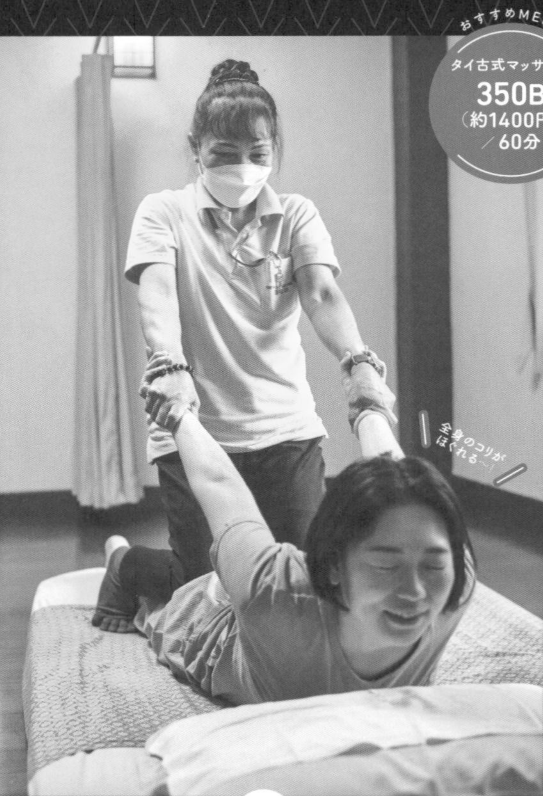

全身のコリがほぐれる～！

おすすめMENU
タイ古式マッサージ
350B
（約1400円）
／60分

広々＆駅近

PO THAI MASSAGE

ポー・タイ・マッサージ

高レベルでリーズナブル！

タイ古式マッサージの総本山、ワット・ポーが運営するマッサージスクールを併設。マッサージ師のレベルが高いことで有名です。

スクンビット周辺 MAP P.169 C-2 ☎02-261-0567 🏠1, 54-55 Soi Sukhumvit 39 ⏰9:00～21:00 🔒無休 🚃BTSプロームポン駅から徒歩1分

マッサージ師のレベルが低い店もちらほら。予約・入店前に口コミを確認しましょう。

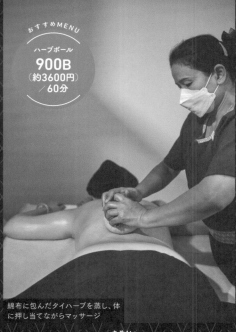

1 ハーブボールやハーブティーは農薬不使用の自社農園産 2 店内ではスパプロダクツのほか、ドライフルーツなども販売

おすすめMENU
ハーブボール
900B
（約3600円）
／60分

綿布に包んだタイハーブを蒸し、体に押し当てながらマッサージ

日本語OK

at ease Sukhumvit 33/1

アット・イーズ スクンビット33/1店

スパメニューも豊富

プロンポンに3店舗。きめ細やかなサービスと清潔感で人気。HPで事前予約がおすすめ。

スクンビット周辺 MAP P.169 C-2 ☎061-682-2878 Soi 33/1 Sukhumvit Rd. 9:00～23:00 無休 BTSプロームポン駅から徒歩3分

DE REST SPA

デ・レスト・スパ

駅直結

立地も雰囲気も◎

タイ古式からスウェーデン式までバラエティに富んだメニューが。スパメニューは個室で受けられます。

サイアム周辺 MAP P.164 D-2 ☎02-652-0636 518/3 Phloen Chit, Maneeya Center North 3F 11:00～23:00 無休 BTSチットロム駅直結

1 同室で2人同時に受けられるカップルルーム 2 フットマッサージを受けながら夜景を楽しめる

おすすめMENU
フットマッサージ
690B
（約2800円）
／60分

むくみが取れてスッキリ！

魅惑のタイスイーツ

料理はスパイシーだけど、タイの人々は大の甘党。遅くまで営業しているカフェも多く、夜な夜なスイーツを楽しむ人でにぎわっています。

スチームド・ブレッド・ウィズ・ココナッツ・エッグ・カスタード
70B

蒸しパン&ディップ

食パンを蒸して、ふんわり&アツアツに。ココナッツ味のソースにディップしてめしあがれ！

ティー・ウィズ・ミルク
50B

バターたっぷりなトーストに、大量の甘〜いソースをON。度肝を抜かれる甘さも、食べ進めるにつれてやみつきに

トースト・ウィズ・ココナッツ・カスタード（パンダン）＋チョコレート＋クリーミー・コーンスープ　各30B

クリームたっぷりトースト

バナナの葉を器にしたひと口サイズのココナッツプリン。タイ語ではカノムタゴー。ライチ風味のコーヒーと共に味わって

ライチ・シェケラート
120B

タイ・プディング・ウィズ・ココナッツ・トッピング
100B

タイ風プリン

ベースのチーズケーキの上にドリアンがのった濃厚なケーキ

プレミアム・タイ・ドリアン
220B

ドリアンのチーズケーキ

MONT NOMSOD Dinso Road

モン・ノムソット ディンソーロード店

自家製パンが大人気

1964年創業の老舗カフェで、自家製パンを使ったスイーツが名物。店内では、さまざまな種類のパンや自社農場で製造する牛乳も販売しています。

王宮周辺 MAP P.163 C-2
☎02-224-1147 160 1-3 Dinso Rd. 14:00 〜 23:00 無休 MRTサムヨート駅から徒歩12分 英語

Thongyoy Cafe

トンヨイ・カフェ

タイの伝統菓子にトライ

ファッションデザイナーがプロデュースするカフェ。タイの伝統的なお菓子を洋菓子のようにアレンジして提供。造花で埋めつくされた店内もフォトジェニック。

サイアム周辺 MAP P.165 B-2
☎064-110-6561 991 Rama I Rd. サイアム・パラゴン GF 10:00 〜 22:00 無休 BTSサイアム駅から徒歩1分 カード 英語

✦✦✦ モン・ノムソットとチェン・シム・イは徒歩わずか2分の距離。スイーツのハシゴもありです♪

写真映えも満点

BEST TIME 21:00

夜だけど…食べずにいられないっ！

見た目も味も甘あま♡

店先には、カラフルなタピオカや蓮の実などのトッピングがずらり

ニッパヤシの実＆シロップのかき氷。罪悪感低めのナチュラルな甘さ

上は、クワイの身をタピオカ粉で包んだタップティムクローブが主役。下は、メロン＆小粒のタピオカ入り

ソースはタイ北部産のイチゴを使用。氷の中は濃密なヨーグルト入り

CHENG SIM EI Dinso Road

チェン・シム・イ ディンソーロード店

伝統スイーツの人気チェーン

甘く煮た蓮の実や蓮根などをかき氷と共に食べる伝統スイーツを筆頭に、豊富なメニューを提供。老若男女から愛され、50店舗以上を展開しています。

王宮周辺 MAP P.163 C-2

☎094-078-8929 🏠212, 1 Dinso Rd. 🕘9:00～23:00 🔒無休 🚗MRTサムヨート駅から徒歩10分 英語

SAI SAI

サイ・サイ

オーガニック食材を厳選

タイで無農薬栽培を広めるために活動するオーナーが手掛けるカフェ。おみやげにちょうどいいパームシュガーや焼き菓子なども販売しています。

王宮周辺 MAP P.163 C-2

☎062-919-8555 🏠242, 244 Maha Chai Rd. 🕘12:00～23:00 🔒無休 🚗MRTサムヨート駅から徒歩10分 カード 英語

バンコクらしい夜景を眺められるトゥクトゥクでのフードツアー（P.130）

BANGKOK THE BEST TIME

AROUND

Mid-Night

22:00 - 24:00

バンコクの夜のにぎわいは、深夜まで途絶えることはありません。街はネオンで輝き、ナイトマーケットは日付けが変わる頃まで活気にあふれています。バンコクの夜景を楽しむなら、高層ビルにあるルーフトップバーから。カクテルを飲みながら熱帯夜を満喫して。

BEST TIME 22:00

バンコクーの盛り上がり&おしゃれ度！

ナイトマーケットは絶対JODD FAIRSがおすすめ♡

AROUND MID-NIGHT (22:00-24:00)

2025年には、タイランドカルチャーセンター駅付近に新たなジョッド・フェアがオープン予定！

6 7 8 9 10 11 12 13 14 15 16 17 18 19 20 21 22 23 0

JODD FAIRS
ジョッド・フェア

バンコクいちにぎわうナイトマーケット

モダンなデザインとローカルな熱気が混在する、2021年にオープンしたナイトマーケット。全ての店がオープンするのは18時以降で、最も混雑するのは20時前後です。
ラチャダー周辺 MAP P.162 F-2
Rama IX Rd. 16:00～24:00
無休 MRTラマ9世駅から徒歩5分

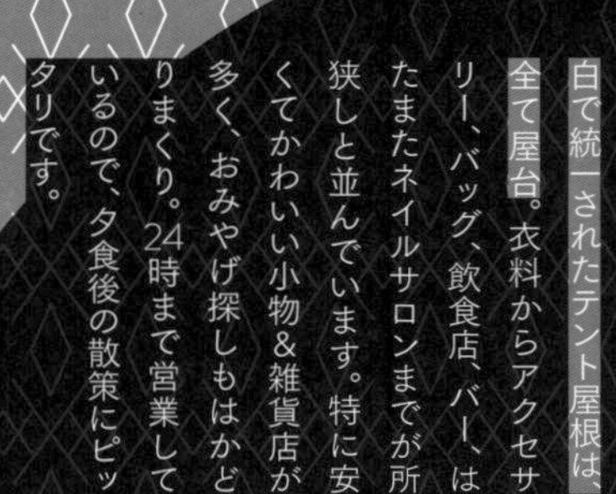

若者に大人気のモダンな屋台街

２０２１年に誕生し、新たな観光名所として人気を集めるジョッド・フェア。スクンビット周辺からアクセスのいいナイトマーケットとして、連日多くの人でにぎわっています。白で統一されたテント屋根は、全て屋台。衣料からアクセサリー、バッグ、飲食店、バー、はたまたネイルサロンまでが所狭しと並んでいます。特に安くてかわいい小物&雑貨店が多く、おみやげ探しもはかどりまくり。24時まで営業しているので、夕食後の散策にピッタリです。

かわいい&おいしいの宝庫♡

ナチュラル素材のフルーツアイスは２玉＋トッピングで50B

骨付きバラ肉を酸っぱ辛いタレと共に食べるレンセープ350B

巨大なスムージー

インパクト大なマンゴースムージーとマンゴー＆もち米のセット150B

ミニサイズのピアス

シルバー925のミニピアスは１つ39B、3つで100B

南国フルーツ柄のソックスは１足69B、2足で120B

タイの街歩きにピッタリなビジュー付きビーチサンダル159B

欲しいものがたくさん

小粒ストーンのブレスレット250B～。編み込みバッグは350B

2023年12月以降はここへ！

紹介したジョッド・フェアは移転に向けて2023年12月に閉業予定。それ以降は、2023年４月にダンネラミットエリアにオープンしたこちらへ！

JODD FAIRS :DanNeramit
ジョッド・フェア：ダンネラミット

チャトゥチャック周辺 MAP P.162 F-1
1408/30 Phahonyothin Rd. 16:00～24:00 無休 BTSハイェークラップラオ駅から徒歩6分

BEST TIME

23:00

圧倒のきらめきは大都市・バンコクならでは！

ルーフトップバーの夜景に息をのむ

最も有名なのが、ルブアホテルの屋上にあるスカイバー。東京都庁よりも高い247mに位置し、その高さは世界一！

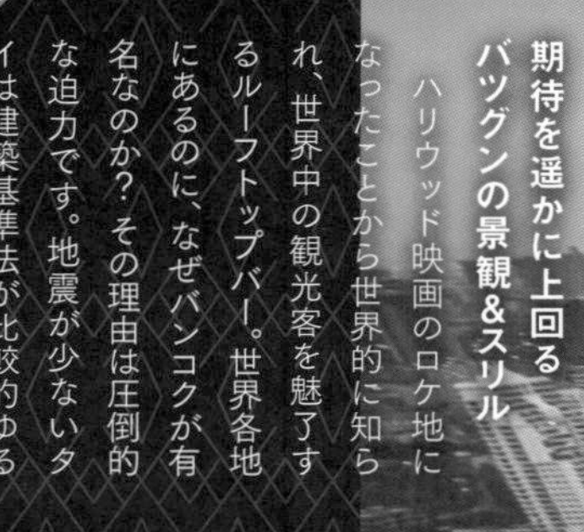

期待を遥かに上回る バッグンの景観&スリル

ハリウッド映画のロケ地になったことから世界的に知られ、世界中の観光客を魅了するルーフトップバー。世界各地にあるのに、なぜバンコクが有名なのか? その理由は圧倒的な迫力です。地震が少ないタイは建築基準法が比較的ゆるく、日本では考えられないようなスリル満点の設計が可能なのだそう。なかでも高い人気を誇るティチュカは、ほかの有名店と比べてリーズナブルでドレスコードもなく、カジュアルに楽しめるのが魅力です。ルーフトップバーの多くはパスポートチェックがあるので、お忘れなく!

右から、モヒート400B、トロピカル・ジン パッションフルーツ400B、ユズ・コラーダ480B

TICHUCA

ティチュカ

発光する大樹が幻想的!

ジャングルがコンセプト。大樹に見立てたバーカウンターや、丸太や岩などを模した客席が特徴的です。連日行列ができるため公式サイトで予約を。

スクンビット周辺 MAP P.168 E-3 ☎065-878-5562 住Sukhumvit 40 Alley, T-One Building 8, 46F 営17:00～24:00 休無休 交BTSトンロー駅から徒歩5分 カード 英語

BEST TIME

24:00

小腹が減ったらコンビニへ♪

禁断の!? 深夜のコンビニスイーツ

現地のコンビニはタイスイーツの宝庫!

バンコク市内にはセブン-イレブン、ローソン、ファミリーマートなど、日本のコンビニチェーンが多数。お菓子やインスタント食品、日用品など、扱うジャンルは日本と同じでも、タイにしかない商品が目白押し。中でもお菓子やアイスはタイならではのものが満載なので、時間がない旅行者にとっては、手軽なコンビニで気になっていたタイフードを試すことができるチャンスです。コンビニは日本と同じく24時間営業なので、ディナーの帰りに寄り道して、ホテルでデザートタイムを楽しんでみてはいかがでしょうか。

AROUND MID-NIGHT (22:00-24:00)

コンビニ活用法♪

休憩もできる!?

一部のコンビニにはイートイン用のスペースが。店内はエアコンで涼しいので買い物ついでに休憩もOK！

コーヒーが買える

日本と同じくテイクアウトカップでコーヒーを販売。日本より大容量で50B程度とお得感あり。

コスメも充実

1回使い切りタイプのコスメがあるのがタイのコンビニの特徴。日焼け止めや虫除け、サプリなども。

日用品がそろう

歯ブラシやポケットティッシュ、シャンプーなど旅に必要なものが充実。タイのメーカーのものが多いです。

ローソン
LAWSON

24時間営業♪

大きい店舗はコスメが充実

タイの水道水は飲めません。コンビニのミネラルウォーターは500ml10B程度と日本よりリーズナブル。

買ったものLIST

タイスイーツ

ココナッツミルク＆クワイの実を使ったタイ風プリン27B

アイス

パイン、オレンジ、いちごのアイスをチョコでコーティング15B

タイティー

モチモチのタピオカ入りの甘いタイミルクティー 18B

ココナッツ

ココナッツミルクにココナッツの実とコーンが入ったスイーツ20B

パンナコッタ

パッションフルーツフレーバーのパンナコッタ22B

スナック

ロブスター風味のスナック菓子32B。ほんのり柚子の香り

タロイモスイーツ

ココナッツミルクにココナッツの実とタロイモが入ったスイーツ22B

アイス

アイス大福20B。
中身は静岡茶のアイス

フルーツ

フルーツのパックもあり。ザボン50B。ジャックフルーツなども

夜食に♡
タイ限定カップヌードル

タイ版カップヌードルは各19B。シーフード(右)は日本のそれとはちょっと違う味。トムヤムクン味(左)はピリ辛パウダー付き

セブン-イレブン
SEVEN-ELEVEN

アロイ マーク(めっちゃウマイ!)

aroi maak!!

夜遅い時間でもOK!?
罪悪感ゼロな米粉麺♡

Thong Smith EmQuartier
トン・スミス エムクオーティエ店

S.C.のレストランフロアにある

ローカル料理のボートヌードルをプレミアムな食材で提供。前菜の肉団子の串焼き119Bなどサイドメニューも。オーダーは注文票に記入するシステム。

スクンビット周辺 MAP P.169 C-2
☎02-003-6226 693 Sukhunvit Rd. エムクオーティエ7F 10:00~22:00 無休 BTSプロームポン駅から徒歩1分 英語

ポーク・ボートヌードル
Pork Boat Noodle
179B(トッピング3種類)

ポークも。

煮込んだ豚肉、薄切りの豚肉、肉団子の3種類のトッピングが

ビーフ・ボートヌードル
Beef Boat Noodle
279B(トッピング5種類)

ボートヌードルにトライ!

牛肉

トッピング全部のせ!?

オーストラリア産の和牛、牛タン、肉団子などトッピング全部のせ!

Kuaytiaw Rua
ก๋วยเตี๋ยวเรือ
クイッティアオ・ルア

かつて運河の船の上で売られていたので"ボートヌードル"と呼ばれています。豚の血が入った濃い色のスープが特徴。

プーケット名物!

カレーwithヌードル。

Sen m Mii Nam Ya Puu
เส้นหมี่น้ำยาปู
センミー・ナム・ヤープー

そうめんのような細い米粉の麺。プーケットではココナッツミルク入りのカレーと共に味わいます。

コレがセンミー

カニ入りミ

タイ語では「ゲーンヌアプー・バイチャップルー・センミー」

イエローカレー・ウィズ・ヌードル
Fresh Crab Meat with Yellow Curry and Coconut Milk Sewed with Noodle
400B

蒸し野菜を干しエビのソースにディップする前菜280B

野菜どっさり。

Prai Raya
プライ・ラヤ

南タイ料理のレストラン

プーケット出身のオーナー、プライさんのお店。コロニアル建築の建物でプーケットの名物料理を提供しています。豚の角煮350Bも絶品。

スクンビット周辺 MAP P.169 A-1
☎091-878-9959 59 Sukhumvit 8 Rd. 11:00~22:30 無休 BTSナーナー駅から徒歩6分 英語

かわいい洋館♡

"クイジャップ"の人気2店で食べ比べ!

Guay Jub ก๋วยจั๊บ クイジャップ

平らな米粉麺をくるっと巻いたものがクイジャップ。豚肉入りのクリアなスープ、ガオラオと共に食べるスタイルが一般的です。

ゆで卵とパートンコーをトッピング♪

ビブグルマンの店。

くるくるの米粉麺

コショウが効いたスープが特徴。軽食にぴったりのサイズ。大もあり

ロールド・ライス・ヌードル・スープ
Rolled Rice Noodle Soup + Egg + Patongo
80B

Guay Jub Ouan Pochana
クイジャップ・ウアン・ポチャナー

ミシュランビブグルマンの人気店
中華街のヤワラート通りにあり、行列が絶えない有名店。シンプルなクイジャップにゆで卵や小さな揚げパンをトッピングできます。
チャイナタウン MAP P.170 D-1
☎061-782-4223 🏠408 Yaowarat Rd. 🕘11:00～24:00 🔒月曜 🚗MRTワットマンコン駅から徒歩4分 英語

行列! だが回転は早い。

(コショウの)パンチが効いてる～

クリスピーなポーク… た・ま・ら・ん!!
いつも忙しい

天日干しの豚肉をカリカリに揚げたムーグローブがおいしいと評判

ロール・ヌードル・スープ
Roll Noodles Soup
70B

豚肉や豚モツ、ムーグローブなどが入ったクリアなスープが特徴

具は豚肉。

Nai Ek Roll Noodles
ナイ・エーク・ロール・ヌードルズ

ムーグローブが決め手の絶品!
1960年創業。あっさりスープのクイジャップのほかに、豚の血を固めたルアッムーのスープやムーグローブなど、豚肉料理はどれもおいしいと評判。
チャイナタウン MAP P.170 E-1
☎02-226-4651 🏠442 soi 9 Yaowarat Rd. 🕘8:00～24:00 🔒無休 🚗MRTワットマンコン駅から徒歩4分 英語

ヤワラート通りにあります

Guay Jub Yuan ก๋วยจั๊บญวน クイジャップ・ユアン

ベトナム文化の影響が強いタイ東北部で食べられているベトナム風ラーメン。モチモチの麺&さっぱりスープが特徴です。

ベトナム風ラーメン

SIDE MENU～♪

サイドメニューは春雨入りの揚げ春巻き60Bを

ベトナミーズ・ヌードル
Vietnamese Noodle
70B

卵

モチモチの麺

コショウの効いたアツアツのスープに、タピオカ粉入りでコシのある米麺

Khun Dang Guay Jub Yuan
クンデーン・クイジャップ・ユアン

イサーン地方のクイジャップ
ベトナム風ラーメン「クイジャップ・ユアン」が絶品の有名店。一番ノーマルなクイジャップは60Bとお手頃価格です。卵のトッピングはプラス10B。
王宮周辺 MAP P.163 B-1
☎085-246-0111 🏠68-70 Phra Athit Rd. 🕘9:30～20:30 🔒無休 🚗MRTサムヨート駅から車で10分 英語

みどりの店。

✤バンコクの夜にまつわるエトセトラ✤

NIGHT TIPS

©タイ国政府観光庁

お寺

Wat Arun
ワット・アルン

チャオプラヤー川沿いに佇むワット・アルンは夕方〜夜が美しい。夕方以降、敷地内は見学できないので、対岸のレストランなどから眺めを楽しんで。

P▶020

©タイ国政府観光庁

夜景

วิวกลางคืน

ライトアップが美しい 夜スポットはココ

ネオン輝く繁華街や寺院のライトアップなど、バンコクは夜景も美しい街。深夜まで営業のショッピングモールやルーフトップバーなど、いろいろなシチュエーションで楽しめるので、毎晩夜更かししてしまうこと必至！ ただし帰りはタクシーを使ったり人通りの多い道を選ぶなど、夜道には十分に注意を。ホテル周辺のスポットをチェックして。

ホテルバー

The Bamboo Bar
ザ・バンブー・バー

5つ星ホテル、マンダリン・オリエンタル・バンコク内にあるジャズバー。1953年に開業し、「アジアのベストバー 50」のトップ10に選ばれたことも。

チャオプラヤー川周辺 MAP P.170 E-4

©タイ国政府観光庁

ナイトマーケット

Asiatique The Riverfront
アジアティーク・ザ・リバー・フロント

チャオプラヤー川のほとりにある、1500以上の店が集まる巨大モール。観覧車などエンターテインメント施設もあり、24時まで営業しています。

チャオプラヤー川周辺 MAP P.162 D-3

ストリート

Chinatown
チャイナタウン

中華街の中心部であるヤワラート通りは、夜になるとギラギラとネオンが輝くエキゾチックな街に変身。夕方から多くの屋台が出てにぎわいます。

P▶052

お酒

เหล้า

お酒が飲めない日がある！ 買えない時間がある！

仏教の祝日と選挙の日は禁酒日。飲食店はもちろんコンビニやスーパーでも販売を自粛します。また11～14時、17～24時以外の時間帯も提供・販売されません。

天井が高くアーチが美しい店内。個室やテラス席などどこもフォトジェニック

Prai Raya
プライ・ラヤ

P▶146

邸宅レストラン

สถาปตยกรรม

コロニアル建築で 優雅なディナーしてみる？

バンコクにいながらタイ南部の雰囲気が味わえます。プーケットのいたる所で目にするシノ・ポルトギース様式の邸宅で、プーケットの名物料理を味わえます。

©タイ国政府観光庁

ナイトマーケット

ตลาดไนท์

まだまだある！バンコクのナイトマーケット

カラフルなテント屋根で有名だったラチャダー鉄道市場のクローズ後、2022年に同じ場所でオープン。通路が広くなるなど買い物しやすくなりました。

The One Ratchada
ザ・ワン・ラチャダー
ラチャダー周辺 MAP P.162 F-2
Din Daeng, エスプラナード裏 17:00～24:00 無休 MRTタイランドカルチュラルセンター駅から徒歩3分

渋滞

รถติด

最も渋滞する時間を避けて移動！

車社会のバンコクは中心部の交通渋滞が深刻な問題。大通りは一日中交通量が多く、朝の通勤・通学時間である7～9時、帰宅時間の17～19時がピーク。この時間にタクシーに乗ると2～3倍の時間がかかってしまうことも！

夜遅い時間は空いてくる

リバーサイド

ริเวอร์ไซด์

川のほとりのテラス席でディナー

レストランのテラス席は、気温が下がって涼しくなる夕方以降が◎。夕景＆セレブ気分を味わうなら、マンダリンの「リバーサイド・テラス」がおすすめ。

Riverside Terrace
リバーサイド・テラス
チャオプラヤー川周辺 MAP P.170 E-4
02-659-9000 48 Oriental Avenue, マンダリン・オリエンタル・バンコク内 18:30～22:30 ※季節休業中(2023年11月再開予定) 日～水曜 BTSサパーンタクシン駅から車で5分

チップ

ทิป

タイではチップは必要？

タイにはチップの習慣があります。マッサージやスパは施術料の10％程度が目安。ローカル食堂やサービス料が会計に加算される飲食店はチップ不要です。

スーパー

ซุปเปอร์มาร์เก็ต

お昼ごはんを食べすぎたときの選択肢

ランチの食べすぎで夜になってもお腹がすかない…そんな日は高級スーパー、グルメ・マーケット(P.90)のテイクアウト用サラダビュッフェが最適です。

夜食

อาหารค่ำ

サクッと夜ごはんなら麺料理がベスト

タイの人は1回の食事が少ない代わりにおやつやフルーツを1日に何度も食べるのだとか。麺料理も少なめで、小腹がすいたときに◎。あっさり味のイエンタフォーが最推し麺です！

Naiuan Yentafo
ナイウアン・イエンタフォー
王宮周辺 MAP P.163 C-2
02-622-0701 41 Soi Nawa 9:00～20:00 無休 MRTサムヨート駅から徒歩12分

イエンタフォー70B

泊まりたい理由があるから！

THE HOTEL GUIDE

バンコクの最新ホテルをナビゲート。

REASON 02

地上78階からバンコクの夜景を一望したい！

キングパワー・マハナコーン内にあり、最上階にはタイで最も高い展望台マハナコーン・スカイウォークが。宿泊者は880B相当の展望台入場券をもらえます。

REASON 01

どこをとっても素敵すぎるデザインホテルだから

スペイン人アーティストがデザインを担当。エントランスやエレベーターなど、全てがフォトジェニック。

伝統を取り入れたインテリアが目を引く

REASON 04

行くしかない！ アイコニックなグルメアドレスたち

1920年代のウィーンを彷彿させるティールーム「Tease」など遊び心ある飲食店が7つ。バンコクの最旬スポットです。

6階には緑豊かなアウトドアプールとフィットネスセンターが。プールサイドバーもあります。

REASON 03

まるで天空のオアシスのようなプールサイドでチル

モダンとレトロが調和した最新5つ星ホテル

バンコクには近年、滞在自体が旅の目的になるハイエンドなホテルが続々と登場。ザ・スタンダードは、地上314mを誇るバンコクで2番目に高い高層ビル内にあります。カラフルなアートピースやアンティークで飾られたロビー、NYのダイナーのようなレストラン、曲線的でレトロポップな客室…ミッドセンチュリーとアジアンテイストが融合したデザインの数々が、旅のワクワク感をブーストさせてくれます。

2022年7月オープン

The Standard, Bangkok Mahanakhon

ザ・スタンダード・バンコク・マハナコーン

シーロム周辺 MAP P.167 B-3
☎02-085-8888 🏠114 Narathiwas Rd. ⏲IN 15:00 OUT 12:00 ㊒1泊1室8200B～ 室155室 🚇BTSチョンノンシー駅から徒歩5分
カード 英語

THE STANDARD, BANGKOK MAHANAKHON

1 レストラン「ザ・スタンダード・グリル」のバーエリア
2 曲線が印象的な客室デザイン。40㎡から144㎡まで8種類の客室タイプがある

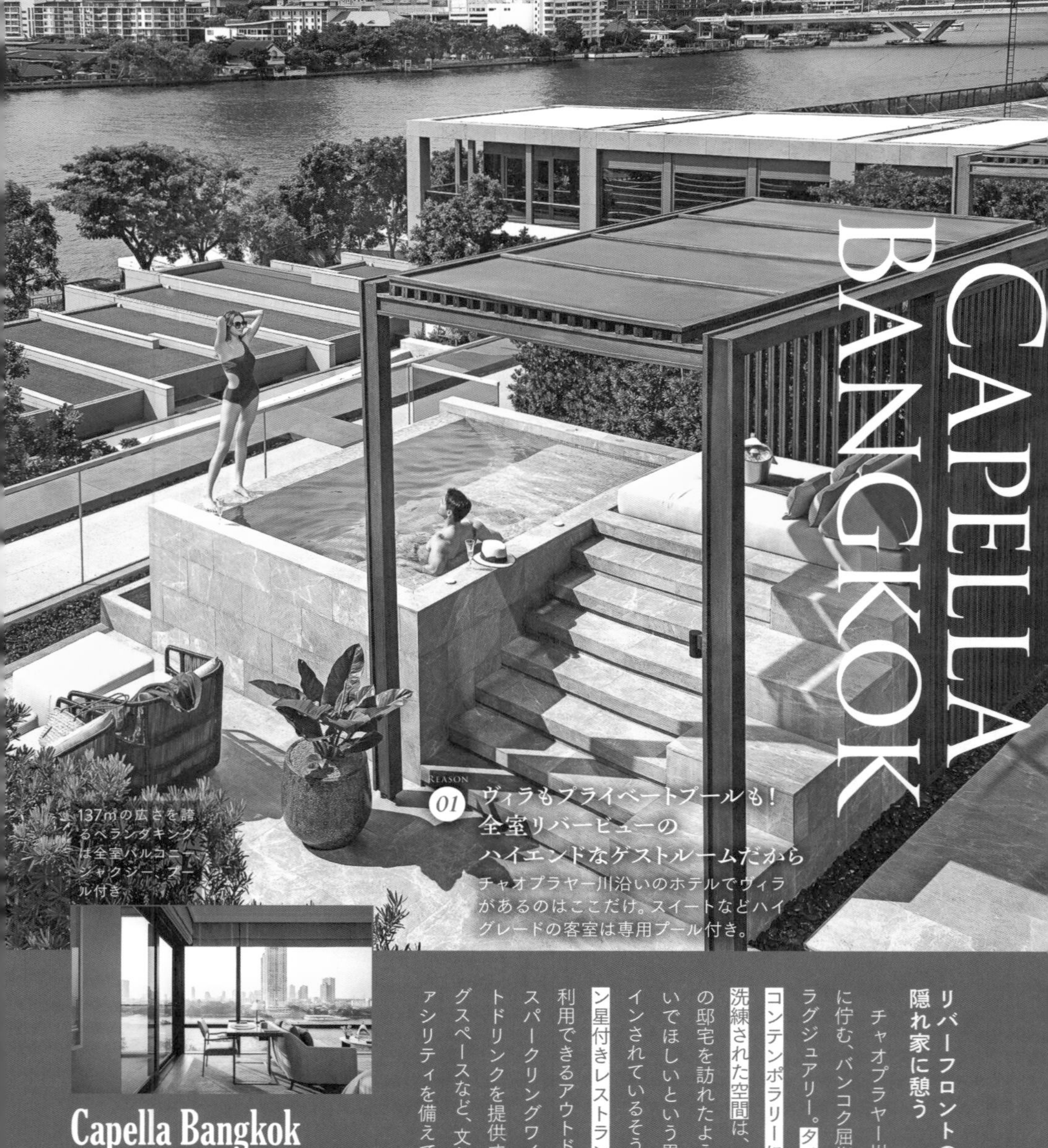

CAPELLA BANGKOK

REASON 01

ヴィラもプライベートプールも！全室リバービューのハイエンドなゲストルームだから

チャオプラヤー川沿いのホテルでヴィラがあるのはここだけ。スイートなどハイグレードの客室は専用プール付き。

137㎡の広さを誇るベランダキングは全室バルコニー、ジャクジープール付き

リバーフロントの隠れ家に憩う

チャオプラヤー川のほとりに佇む、バンコク屈指の都市型ラグジュアリー。タイの伝統をコンテンポラリーに昇華した洗練された空間は、タイの友人の邸宅を訪れたようにくつろいでほしいという思いでデザインされているそう。ミシュラン星付きレストランに24時間利用できるアウトドアプール、スパークリングワインやソフトドリンクを提供するリビングスペースなど、文句なしのファシリティを備えています。

Capella Bangkok

カペラ・バンコク

チャオプラヤー川周辺 MAP P.162 E-2 ☎02-098-3888 🏠300/2 Charoenkrung Rd. ⏲IN 15:00 OUT 12:00 料1泊1室2万2500B～ 室101室 🚗BTSサパーンタクシン駅から徒歩10分 カード 英語

REASON
02
ミシュラン星付きレストランで最高のグルメ体験♡
「Côte」はミシュラン1つ星の地中海料理レストラン。仏伊の伝統レシピを現代的に再構築しています。

REASON
03
まるでギャラリーのような館内でアートピースをめぐる探検
パブリックスペースには地元アーティストによる作品が。タイの歴史文化をテキスタイルなどさまざまな素材で表現。

REASON
04
充実すぎるウェルネス施設はいつでも何度でも
専用ウエアで利用するウェルネス施設には立ち湯やジャクジーを備えたスパ、サウナがあり、予約なしで楽しめます。

ロビーラウンジはタイシルクの柄をモチーフにした日除けなどを配したモダンアンシエントスタイル

REASON 01

川沿いテラスでの朝食タイムが最高に気持ちいい！

朝食はリバーサイド・テラスにて提供。朝日で輝く水面が、爽やかな朝を演出します。

REASON 02

トロピカルな緑あふれるプールサイドでリゾート気分を満喫

南国植物に囲まれたプールは、まさに都会のオアシス。リフレッシュ効果満点です。

REASON 03

まるでお城なラウンジのアフタヌーンティーがおいしすぎる♡

オーサーズ・ラウンジで提供するアフタヌーンティーは、シーズナルと定番の2種類（それぞれ1650B）。

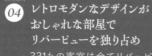

REASON 04

レトロモダンなデザインがおしゃれな部屋でリバービューを独り占め

331もの客室は全てリバービュー。装飾にはジム・トンプソンのシルクを採用しているそう。

MANDARIN ORIENTAL, BANGKOK

REASON 05

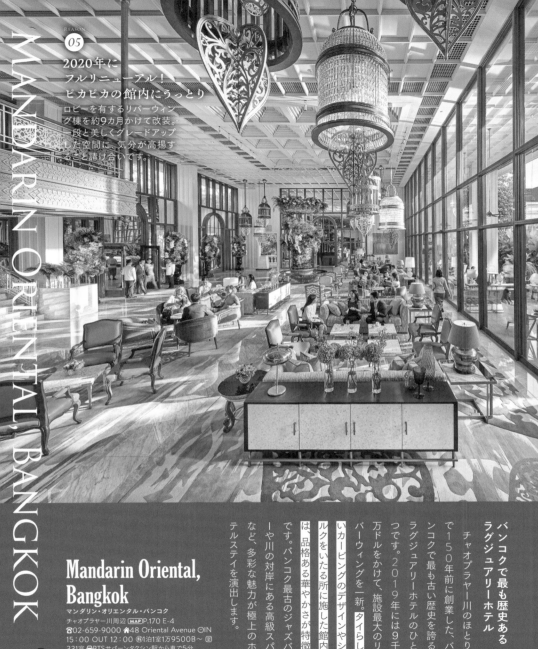

2020年にフルリニューアル！ピカピカの館内にうっとり

ロビーを有するリバーウィング棟を約9カ月かけて改装。一段と美しくグレードアップした空間に、気分が高揚すること請け合いです。

バンコクで最も歴史あるラグジュアリーホテル

チャオプラヤー川のほとりで150年前に創業した、バンコクで最も古い歴史を誇るラグジュアリーホテルのひとつです。2019年には9千万ドルをかけて、施設最大のリバーウィングを一新。**タイらしいカービングのデザインやシルクをいたる所に施した館内は、品格ある華やかさが特徴**です。バンコク最古のジャズバーや川の対岸にある高級スパなど、多彩な魅力が極上のホテルステイを演出します。

Mandarin Oriental, Bangkok

マンダリン・オリエンタル・バンコク

チャオプラヤー川周辺 MAP P.170 E-4

☎02-659-9000 🏠48 Oriental Avenue ⓘIN 15：00 OUT 12：00 ㊎1泊1室1万9500B～ 室331室 🚗BTSサパーンタクシン駅から車で5分

BA HAO RESIDENCE

REASON
01
チャイナタウンに溶け込む隠れ家みたいな宿だから！

建物は約60年前のレトロなショップハウス(1階が店舗、2階が住居の古い建物のこと)。周辺は近年おしゃれなカフェやバーが急増しています。

バーの上階にあるAirbnbのレジデンス

70年代のチャイナタウンをイメージした中華スタイルのバー、バー・ハオ(八號)の上階に、**まるで暮らすように泊まれる話題のレジデンス**があります。2階は共有リビング、3階は床から天井まである大きな窓を設えたスイートルーム、4階はワット・トライミットという寺院を望むバルコニー付き。どちらも市井の生活に溶け込むように滞在でき、**まるでチャイナタウンの住人になったかのような気分**を味わえます。

REASON
02
移住気分を楽しめるレジデンススタイル♪

共有のリビングスペースには冷蔵庫やコーヒーマシンのほか、パンやシリアル、フルーツ、ドリンクが用意されています。

Ba Hao Residence

バー・ハオ・レジデンス

チャイナタウン MAP P.170 F-1
☎062-464-5468 🏠8 Soi Nana Mitrichit Rd. ⏰IN 14：00 OUT 12：00 料1泊1室3500B～ 室2室 🚗MRTワットマンコン駅またはフアランポーン駅から徒歩8分 カード 英語

REASON
03
夜は1階のバーに繰り出してみる！

中国の伝統的なおやつや屋台料理をベースにしたフードメニュー、中国茶やカクテルを提供しています。

JOSH HOTEL

REASON 01

レトロなデザインのホテルでノスタルジックな雰囲気に浸る

シックな色合いを基調にしたゲストルーム。シンプルさの中に趣があり、くつろぎを感じられます。

REASON 04

遊び心が素敵なバーは味もムードも最高

専用キーが必要な秘密の部屋の扉を開けると、シックなバーが登場。カクテルの味も本格的！

REASON 03

アメリカのモーテルみたいなプールがとにかく映える！

雑誌の撮影地にも採用されるほどフォトジェニック。レトロおしゃれな写真がたくさん撮れます。

REASON 02

居心地よすぎなカフェの朝食はバリエ盛りだくさん

1階のカフェで提供する朝食は、洋食やタイ料理などがラインアップ。プールサイドのテラス席がおすすめです。

リーズナブルなライフスタイルホテル

バンコクのトレンドスポットとして注目されるアーリー地区で、2018年にオープン。〝地域コミュニティを盛り上げる拠点〟をテーマに、館内にはカフェやバーを、近隣には居酒屋スタイルの飲食店やドーナツ店を展開しています。最大の魅力は、アメリカのモーテルを彷彿とさせるレトロおしゃれなデザイン。宿泊費もリーズナブルで、長期ステイにもぴったりです。国内外の観光客はもちろん、地元の若者たちのホカンスステイ先としても人気を集めています。

JOSH HOTEL

ジョッシュ・ホテル

アーリー MAP P.162 E-1
☎02-102-4999 🏠19/2 Phaholyothin Rd. 🕘IN 14：00 OUT 12：00
料1泊1室1400B～ 室71室 🚗BTSアーリー駅から徒歩12分

Q. タイ入国前に準備することって何？

A1. パスポートの期限を確認

● 有効残存期間は6カ月

まずはパスポートの有効期限を確認しましょう。入国日を含めて残存期間が6カ月以上あればOK。6カ月以下の場合はパスポートの更新を。

● 30日以内ならビザ不要

観光目的での30日以内の滞在なら、ビザ(査証)の取得は不要(復路または他国へ出国する航空券を所持していることが条件)。観光以外の場合は目的に応じたビザが必要になります。

A2. ネット環境を準備

● ポケットWi-Fiをレンタル

出発前にネットで予約して、出発日に空港で受け取ることができます。値段は滞在日数や1日に使用できる容量で異なります。

● 海外用SIMカードを購入

現地到着後に購入しておいた海外用SIMに差し替えることでデータ通信が可能に。SIMカードは現地の空港でも購入できます。eSIMに対応した端末なら、通信プランを選択すればすぐに利用可能なので便利。

A3. 電子機器をスタンバイ

● 変換プラグを用意

タイのコンセントはA・B・Cの3タイプ。Aなら日本のプラグをそのまま使用できますが、B・Cタイプなら変換プラグが必要になります。変換プラグは百円ショップでも入手可能。

● 電圧はだいたいそのままでOK

タイの電圧は220V。日本は100Vなので通常は変圧器が必要になりますが、スマホや充電器、デジカメ、ノートPCなど最近の電子機器は100-240Vに対応していることが多いので、そのまま使用できます。それ以外の家電は念のため製品情報を確認して。

A4. 現地の情報を収集しておく

● お役立ちサイトをブックマーク

渡航情報なら「在タイ日本国大使館」、観光情報ならタイ国政府観光庁「Amazing Thailand」などで情報収集を。気になるスポットはグーグルマップのお気に入りに保存して。

● アプリをダウンロード

配車アプリ「Grab」(P.61、159)は日本でダウンロードして設定しておくことでクレジットカード払いが可能。タイのレストラン予約アプリ「Hungry Hub」(P.96)は予約だけでなく割引クーポンも利用できてお得！

Q. 空港からバンコク市内へのアクセスは？

A1. バンコクの空港は2つ

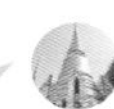

メインのスワンナプーム国際空港Suvarnabhumi Airport(BKK)と、LCCが就航するドンムアン国際空港Don Mueang Airport(DMK)の2つ。日本からの直行便のほとんどがスワンナプーム空港に到着します。

A2. 最も便利なメータータクシー

スワンナプーム空港1階の4～7番出口を出たところに乗り場があります。自動発券機で配車表を発券し、表示されたレーンで待機するタクシーに乗車。メーター料金のほかに空港使用料50Bと高速道路料金25B～が加算されます。

料金 300～400B程度(MRTスクンビット駅周辺まで)
所要 30分～1時間

A3. 安さ重視なら鉄道で

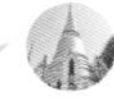

スワンナプーム空港からバンコク中心部にあるBTSパヤタイ駅までを結ぶ「エアポート・レイル・リンク」なら交通渋滞の心配なし。乗り場は地下1階にあります。

料金 MRTスクンビット駅まで35B
所要 約30分

A4. 安心なリムジンタクシー

スワンナプーム空港2階にある「AOT LIMOUSINE」のチケット売り場で行き先を告げて手配してもらいます。定額・前払い制で、料金は目的地までの距離や車種により異なります。公式サイトから事前予約も可能。

URL www.aot-limousine.com/
料金 1050B～(MRTスクンビット駅周辺まで)
所要 30分～1時間

Q. バンコク市内の交通手段を教えて！

A3. チャオプラヤー川の定期船

「チャオプラヤー・エクスプレス・ボート」はチャオプラヤー川沿いを運行しています。4路線ありそれぞれ停留場所が異なるため複雑ですが、乗り場で行き先を伝えれば乗るべき船を教えてもらえます。運航時間は6時30分頃～18時30分頃で、料金は14～33B。

そのほかにも…

● **ツーリスト・ボート**

英語の案内付きで旅行者が利用しやすい路線。1回乗車券30B、1日乗車券150B。

● **渡し船**

川の対岸まで渡りたいときの手段。チャオプラヤー・エクスプレス・ボートの船着き場の近くに乗り場があり、片道4～5B。

A4. 中・長距離はタクシー

エアコン付きで快適に利用できます。メーター制で初乗り(1km)35B。タクシー乗り場もありますが、流しのタクシーをつかまえるのが一般的。デメリットは渋滞に巻き込まれがちなのと、乗車拒否されることがあること。

A5. 時間があるなら路線バスで

地元民が利用する近距離バス。時刻表がなく何時に来るかわからないので、時間がないときには不向き。のんびりローカル気分を楽しみたいならトライしてみて。料金は8B～。

[乗り方はP.61を参照]

A6. そのほかの交通手段もチェック

● **トゥクトゥク**

タクシーとして使える三輪自動車。客待ちをしているドライバーに料金を交渉して乗ります。料金はタクシーよりも割高。

カラフルなトゥクトゥク

● **バイクタクシー**

色付きのベストを着たドライバーが目印。料金は交渉制でぼったくりも多いので、高いと感じたらほかをあたって。タクシーより割安。

A1. 一番のおすすめは電車

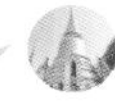

BTS

バンコク中心部を走る高架式の鉄道。現在スクンビット線、シーロム線、ゴールドラインの3路線あります。朝5時30分頃から夜24時頃まで3～8分間隔で運行。

チケットの種類

● **1回券** Single Journey Ticket

1回乗車ごとに購入するカード。料金は距離制で17～47B、有効時間は2時間。乗車後は改札で回収されます。

● **1日券** One Day Pass

発売日または初回乗車当日のみ有効の1日乗り放題券。150B。

● **ラビット・カード** Rabbit Card

初回発行手数料100Bで購入できるチャージ式プリペイドカード。毎回チケットを購入する手間が省けます。最低チャージ金額100B。購入時にパスポートの提示が必要な場合があります。

MRT

バンコク中心部を環状に走るブルーラインは王宮・チャイナタウン方面までアクセスできるので便利。朝5時30分頃～夜24時頃まで5～10分間隔で運行しています。

チケットの種類

● **1回券** Single Journey Ticket

1回乗車ごとにトークンを購入。改札にかざして使用します。料金は距離制で17～72B。降車時に改札で回収されます。

● **プリペイドカード** MRT Card

発行手数料30B、デポジット50B、初回チャージ金額100Bの合計180Bで作れるプリペイドカード。初回発行やチャージは駅構内のチケットオフィスで。

[乗り方はP.61を参照]

A2. Grabがめちゃくちゃ便利

配車アプリ「Grab」は、日本でダウンロードしてクレジットカード情報を登録すれば、キャッシュレスで利用できます。定額制で料金交渉などの必要がなく、料金はタクシーより割安なことも。バイクも選択でき、渋滞時は車よりも早く目的地に到着できます。

Q. お金にまつわるアレコレ、教えて！

A1. レートは1B＝約4円

タイの通貨はB(バーツ)。紙幣は1000B、500B、100B、50B、20B、硬貨は10B、5B、1B。利用頻度が高いのは100B以下で、1000Bなどの高額紙幣は店によってはおつりがないことがあるので、使えそうな所で小額紙幣に崩しておくと便利です。補助通貨としてサタン硬貨(50S・20S)もありますが、あまり流通していません。

1B＝約4円　　100円＝約25B
(※2023年7月現在)

A2. 両替は街なかの両替所で

一般的に、日本で両替するより現地のほうがレートはいいです。バンコク市内中心部の駅の近くなどに両替所があり、なかでもレートがいいと言われているのは「スーパーリッチ」(P.33)。空港は街なかの両替所よりレートがよくないので、最低限両替するのがベター。両替にはパスポートが必要。

A3. タイはまだまだ現金主義

クレジットカードはホテルや高級レストラン、ショッピングセンターで利用できます。ローカルな食堂、おみやげ店、カフェなど支払いが少額の店は現金のみの所が多いです。決済用のアプリを導入する店もありますが旅行者向きではないので、現金は多めに用意しておくのがおすすめです。

A4. VAT(付加価値税)は払い戻し可能

タイでは日本の消費税にあたるVAT(付加価値税)が導入されています。旅行者が「VAT REFUND FOR TOURIST」の表示のあるお店で、同日同一店で合計2000B以上の買い物をした場合、帰国時に空港で7%の税金分を払い戻してもらうことができます。

払い戻しの条件

- タイ人以外の旅行者であること
- タイ滞在が年間180日未満であること
- バンコク、チェンマイ、プーケット、ハジャイの4都市の国際空港から空路でタイを出発すること
- 払い戻しの申請を購入日から60日以内に本人が行うこと

Q. トラブル発生！　どうしたら？

A1. 緊急時の連絡先をチェック

盗難・紛失・事故など旅行中のトラブルは24時間対応・英語対応可能なツーリスト・ポリスに連絡を。ケガや急病の場合は下記を参照。

ツーリスト・ポリス　☎1155
警察　☎191
在タイ国日本大使館
☎02-207-8500

A2. 病気やケガ、まずはホテルに相談

現地で病気になったときはまずはホテルのスタッフに相談を。バンコクには日本語で対応してくれる病院もあります。

バンコク病院 (Bangkok Hospital)
☎02-310-3257
サミティベート スクンビット病院 (Samitivej Sukhumvit Hospitals)
☎02-022-2222

治安について

バンコクの治安は悪くないですが、夜間のひとり歩きや人通りの少ない路地には注意が必要。人の多い場所ではスリやひったくりにあう可能性もあるので、荷物から目を離さないように。多額の現金や貴重品を持ち歩かないこと。

A3. 海外旅行保険への加入を忘れずに

出発前にネットで申し込める海外旅行保険に加入しておくと、盗難・紛失・事故にあったときに補償があるので安心です。クレジットカードに海外旅行保険が自動的に付帯している場合も多いので、補償内容を確認しておきましょう。

● パスポートを紛失した場合

まずは警察またはツーリスト・ポリスで紛失・盗難証明書(ポリスレポート)を発行してもらいます。大使館領事部で新規旅券の発給手続きまたは帰国のための渡航書発給申請を行います。

● クレジットカードを紛失した場合

すぐにカード発行会社に連絡し、利用停止手続きを。必要に応じて警察に届け、紛失・盗難証明書を発行してもらいましょう。

● 現金・貴重品の盗難

警察またはツーリスト・ポリスで紛失・盗難証明書(ポリスレポート)を発行してもらい、保険会社に連絡を。帰国後に補償が受けられるかも。

バンコク中心部主要路線図
凡例
国鉄
BTSスクンビット線
BTSシーロム線
BTSゴールドライン
MRTブルーライン
MRTイエローライン
MRTパープルライン
ARLシティライン
SRTダークレッドライン
チャオプラヤーツーリストボート・エクスプレスボート（一部）
チャオプラヤー川
Mae Nam Chaophraya
※ターティアン船着場は2023年6月現在休業中ですが、ワットアルンへの渡し船は運航しています。
クローン3
Khlong 3
ワットプラシーマハタート
Wat Phra Sri Mahathat
11thインファントリーレジメント
11th Infantry Regiment
バーンブア
Bang Bua
ロイヤルフォレストデパートメント
Royal Forest Department
カセサートユニバーシティ
Kasetsart University
セーナーニコム
Sena Nikhom
ラチャヨーティン
Ratcha Yothin
パホンヨーティン24
Phahon Yothin 24
クリミナルコート
Criminal Court
イェークラムサーリー
Yaek Lam Sali
ランシット
Rangsit
ドンムアン
Don Mueang
チャトチャック
Chatuchak
クローンバンパイ
Khlong Ban Phai
ハーイエークラップラオ
Ha Yaek Lat Phrao
パホンヨーティン
Phahon Yothin
ラップラオ Lat Phrao
チャトチャックパーク
Chatuchak Park
モーチット
Mo Chit
ラチャダピセーク
Ratchadaphisek
バンポー
Bang Pho
バンオー
Bang O
バンプラット
Bang Phlat
シリントーン
Sirindhorn
タオプーン
Tao Poon
バンスー
Bang Sue
カンペーンペット
Kamphaeng Phet
サパーンクワーイ
Saphan Kwai
スティサーン
Sutthisan
アーリー
Ari
ファイクアン
Huai Khwang
プラアーティット
Phra Athit
サナームパオ
Sanam Pao
タイランドカルチュラルセンター
Thailand Cultural Centre
バンイーカン
Bang Yi Khan
ターマハラート
Tha Maharaj
ビクトリーモニュメント
Victory Monument
ラーチャプラーロップ
Ratchaprarop
プララーム9
Phra Ram 9
バンクンノン
Bang Khun Non
ターチャーン
Tha Chang
パヤタイ
Phaya Thai
マッカサン
Makkasan
ペッチャブリー
Phetchaburi
トンブリ
Thonbri
ターティアン
Tha Tien
（休業中）
ワットアルン
Wat Arun
ラーチャテーウィー
Rajchathewi
チットロム
Chit Lom
プルーンチット
Ploen Chit
ナーナー
Nana
ラームカムヘン
Ramkhamhaeng
ファイチャイ
Fai Chai
Siam(Central Station) サイアム
フアマーク
Hua Mak
ナショナルスタジアム
National Stadium
ラチャダムリ
Ratchadamri
アソーク
Asok
スクンビット
Sukhumvit
チャラン13
Charan 13
ターブラ
Tha Phra
サナームチャイ
Sanam Chai
サムヨート
Sam Yot
サラデーン Sala Daeng
プロームポン
Phrom Phong
イサラパップ
Itsaraphap
ラーチニー
Rajinee
ワットマンコン
Wat Mangkon
ファランポーン
Hua Lamphong
サムヤーン
Sam Yan
シーロム
Si Lom
ルンピニ
Lumphini
クロントーイ
Khlong Toei
クイーンシリキットナショナルコンベンションセンター
Queen Sirikit National Convention Centre
バーンタップチャーン
Ban Thap Chang
バンパイ
Bang Phai
バンワー
Bang Wa
クローンサーン
Khlong San
ラーチャウォン
Ratchawong
チョンノンシー
Chong Nonsi
アイコンサイアム
Iconsiam
チャルンナコーン
Charoen Nakhon
セントルイス
Saint Louis
ラークラバン
Lat Krabang
ウッタカート
Wutthakat
スラサック Surasak
タラートプルー
Talat Phlu
ボーニミット
Phonimit
サパーンタクシン
Saphan Taksin
トンロー
Thong Lo
ウォンウィアンヤイ
Wongwian Yai
クルントンブリー
Krung Thon Buri
サトーン
Sathorn
エカマイ
Ekkamai
プッタモントン4
Phuttamonthon 4
プラカノン
Phra Khanong
スワンナプーム国際空港
Suvarnabhumi Airport
アジアティーク
Asiatique
サワーンカニワート
Sawang Khaniwat

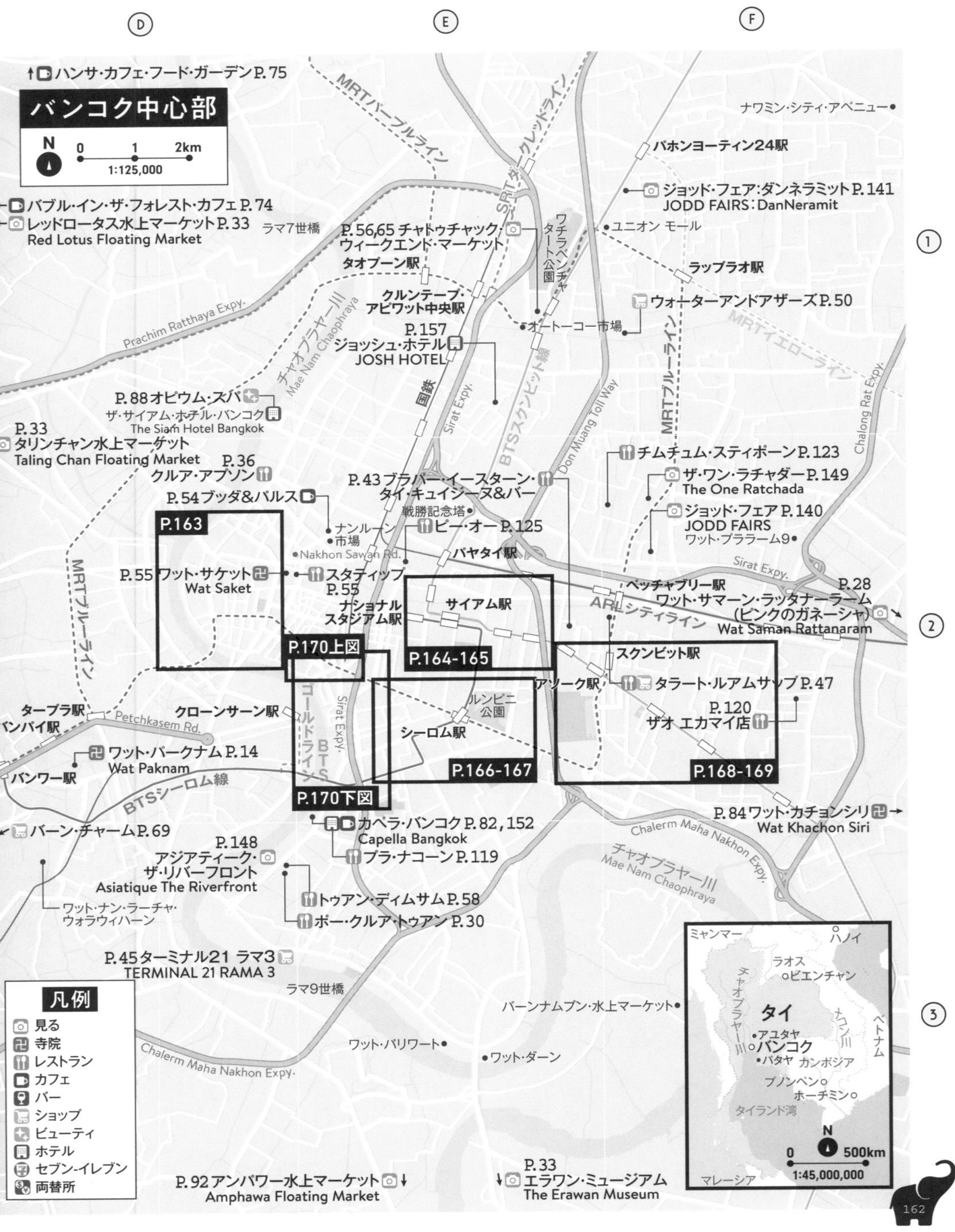

D
E
F
1
2
3
バンコク中心部
N
0 1 2km
1:125,000
ハンサ・カフェ・フード・ガーデン P.75
バブル・イン・ザ・フォレスト・カフェ P.74
レッドロータス水上マーケット P.33
Red Lotus Floating Market
ラマ7世橋
MRTパープルライン
SRTダークレッドライン
パホンヨーティン24駅
ナワミン・シティ・アベニュー
ジョッド・フェア:ダンネラミット P.141
JODD FAIRS：DanNeramit
ユニオン モール
P.56,65 チャトゥチャック・ウィークエンド・マーケット
ワチラベンチャタート公園
タオプーン駅
ラップラオ駅
クルンテープ・アピワット中央駅
ウォーターアンドアザーズ P.50
オートーコー市場
MRTイエローライン
Prachim Ratthaya Expy.
チャオプラヤー川
Mae Nam Chaophraya
P.157 ジョッシュ・ホテル
JOSH HOTEL
国鉄
Sirat Expy.
BTSスクンビット線
Don Muang Toll Way
MRTブルーライン
Chalong Rat Expy.
P.88 オピウム・スパ
ザ・サイアム・ホテル・バンコク
The Siam Hotel Bangkok
P.33 タリンチャン水上マーケット
Taling Chan Floating Market
P.36 クルア・アプソン
チムチュム・スティポーン P.123
P.43 ブラパー・イースターン・タイ・キュイジーヌ&バー
ザ・ワン・ラチャダー P.149
The One Ratchada
P.54 ブッダ&パルス
戦勝記念塔
ジョッド・フェア P.140
JODD FAIRS
ワット・プララーム9
P.163
ナンルーン市場
ピー・オー P.125
Nakhon Sawan Rd.
パヤタイ駅
Sirat Expy.
P.55 ワット・サケット
Wat Saket
スタティップ P.55
ペッチャブリー駅
P.28 ワット・サマーン・ラッタナーラーム(ピンクのガネーシャ)
Wat Saman Rattanaram
サイアム駅
ナショナルスタジアム駅
ARLシティライン
P.170上図
P.164-165
スクンビット駅
アソーク駅
タラート・ルアムサップ P.47
ゴールドライン
BTS
Sirat Expy.
ルンピニ公園
P.120 ザオ エカマイ店
MRTブルーライン
ターブラ駅
バンパイ駅
Petchkasem Rd.
クローンサーン駅
シーロム駅
ワット・パークナム P.14
Wat Paknam
バンワー駅
BTSシーロム線
P.166-167
P.168-169
P.170下図
P.84 ワット・カチョンシリ
Wat Khachon Siri
バーン・チャーム P.69
カペラ・バンコク P.82,152
Capella Bangkok
Chalerm Maha Nakhon Expy.
P.148 アジアティーク・ザ・リバーフロント
Asiatique The Riverfront
プラ・ナコーン P.119
チャオプラヤー川
Mae Nam Chaophraya
トゥアン・ディムサム P.58
ワット・ナン・ラーチャ・ウォラウィハーン
ポー・クルア・トゥアン P.30
P.45 ターミナル21 ラマ3
TERMINAL 21 RAMA 3
ラマ9世橋
バーンナムプン水上マーケット
ワット・パリワート
ワット・ダーン
Chalerm Maha Nakhon Expy.
凡例
見る
寺院
レストラン
カフェ
バー
ショップ
ビューティ
ホテル
セブン-イレブン
両替所
P.92 アンパワー水上マーケット
Amphawa Floating Market
P.33 エラワン・ミュージアム
The Erawan Museum
ミャンマー
ハノイ
ラオス
ビエンチャン
チャオプラヤー川
メコン川
ベトナム
タイ
アユタヤ
バンコク
パタヤ
カンボジア
プノンペン
ホーチミン
タイランド湾
マレーシア
N
0 500km
1:45,000,000

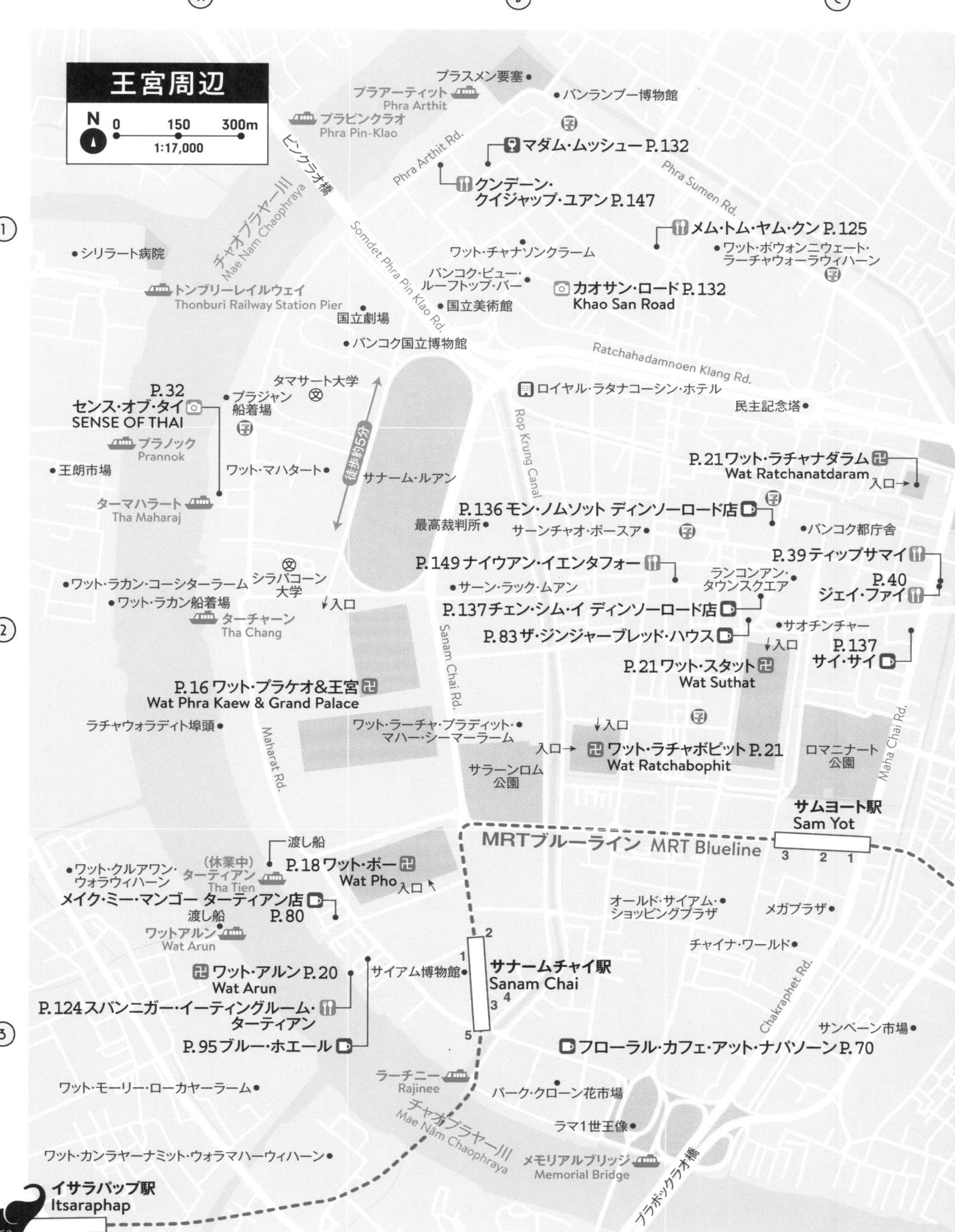
A
B
C
1
2
3
王宮周辺
N
0 150 300m
1:17,000
プラスメン要塞
プラアーティット
Phra Arthit
バンランプー博物館
プラピンクラオ
Phra Pin-Klao
ピンクラオ橋
マダム・ムッシュー P.132
Phra Arthit Rd.
クンデーン・
クイジャップ・ユアン P.147
Phra Sumen Rd.
チャオプラヤー川
Mae Nam Chaophraya
メム・トム・ヤム・クン P.125
シリラート病院
Somdet Phra Pin Klao Rd.
ワット・チャナソンクラーム
ワット・ボウォンニウェート・
ラーチャウォーラウィハーン
バンコク・ビュー・
ルーフトップ・バー
カオサン・ロード P.132
Khao San Road
トンブリーレイルウェイ
Thonburi Railway Station Pier
国立劇場
国立美術館
バンコク国立博物館
Ratchahadamnoen Klang Rd.
タマサート大学
ロイヤル・ラタナコーシン・ホテル
P.32
センス・オブ・タイ
SENSE OF THAI
プラジャン
船着場
民主記念塔
Rop Krung Canal
徒歩約5分
プラノック
Prannok
王朗市場
ワット・マハタート
サナーム・ルアン
P.21 ワット・ラチャナダラム
Wat Ratchanatdaram
入口
ターマハラート
Tha Maharaj
P.136 モン・ノムソット ディンソーロード店
最高裁判所
サーンチャオ・ポースア
バンコク都庁舎
P.39 ティップサマイ
P.149 ナイウアン・イエンタフォー
ランコンアン・
タウンスクエア
P.40
ジェイ・ファイ
ワット・ラカン・コーシターラーム
シラパコーン
大学
サーン・ラック・ムアン
ワット・ラカン船着場
入口
P.137 チェン・シム・イ ディンソーロード店
ターチャーン
Tha Chang
サオチンチャー
P.83 ザ・ジンジャーブレッド・ハウス
入口
P.137
サイ・サイ
Sanam Chai Rd.
P.21 ワット・スタット
Wat Suthat
P.16 ワット・プラケオ&王宮
Wat Phra Kaew & Grand Palace
ラチャウォラディト埠頭
ワット・ラーチャ・プラディット・
マハー・シーマーラーム
入口
Maha Chai Rd.
入口
ワット・ラチャボピット P.21
Wat Ratchabophit
ロマニナート
公園
Maharat Rd.
サラーンロム
公園
サムヨート駅
Sam Yot
MRTブルーライン MRT Blueline
3 2 1
渡し船
(休業中)
ターティアン
Tha Tien
ワット・クルアワン・
ウォラウィハーン
P.18 ワット・ポー
Wat Pho
入口
メイク・ミー・マンゴー ターティアン店
P.80
オールド・サイアム・
ショッピングプラザ
メガプラザ
渡し船
ワットアルン
Wat Arun
チャイナ・ワールド
2
1
ワット・アルン P.20
Wat Arun
サイアム博物館
サナームチャイ駅
Sanam Chai
3 4
P.124 スパンニガー・イーティングルーム・
ターティアン
Chakraphet Rd.
サンペーン市場
5
P.95 ブルー・ホエール
フローラル・カフェ・アット・ナパソーン P.70
ラーチニー
Rajinee
ワット・モーリー・ローカヤーラーム
パーク・クローン花市場
チャオプラヤー川
Mae Nam Chaophraya
ラマ1世王像
ワット・カンラヤーナミット・ウォラマハーウィハーン
メモリアルブリッジ
Memorial Bridge
プラポックラオ橋
イサラパップ駅
Itsaraphap

D
E
F
1
2
3
プラトゥーナム市場
バンコク・パレス・ホテル
Bangkok Palace Hotel
ブラバット・チャヤコン病院
アマリ・ウォーター・ゲート
Amari Watergate Bangkok
ノボテル・バンコク・プラティナム・プラトゥーナム
Hotel Novotel Bnagkok Platinum
バークレイ・ホテル・プラトゥナーム
Holiday Inn Bangkok
Pratunam
(Outbound)
ゴーアン・カオマンガイ・プラトゥーナム P.38
クアン・ヘン・プラトゥナーム・チキンライス P.58
Chitlom
カフェ・アマゾン
セン・セーブ運河
Khlong Saen Saep
Saphan Wittayu
スーパーリッチ
P.32
トリムルティの祠&ガネーシャ像
Trimurti Shrine & Ganesha Shrine
モーベンピック・BDMS・
ウェルネス・リゾート・バンコク
Mövenpick BDMS Wellness Resort Bangkok
ビッグC ラチャダムリ
Big C
アーノマ・グランド・バンコク
Ratchadamri Rd.
ラチャダムリ通り
ナーイラート公園
チャルーム・マハナコーン高速道路
Chalerm Maha Nakohon Expy
ホリデイイン・バンコク
Holiday Inn Bangkok
P.72
アーブ・ブリス・ルーム
ゲイソーン・ヴィレッジ
Gaysorn Village
セントラル・チットロム
Central Chit Lom
シヴァテル・バンコク・ホテル
セントラル・エンバシー
プルンチット通り
Phloen Chit Rd.
パーク・ハイアット・バンコク
P.89
センス、ア・ローズウッド・スパ
ローズウッド・バンコク
チットロム駅
Chit Lom
デ・レスト・スパ P.135
BTSスクンビット線
BTS Sukhumvit Line
プラ・プロム(エラワン廟) P.32
Phra Phrom
オークラ・プレステージ・バンコク
プルーンチット駅
Pleoen Chit
スパイス・マーケット P.119
アナンタラ・サイアム・バンコク
Anantara Siam Bangkok Hotel
アテネホテル, ラグジュアリーコレクションホテル, バンコク
The Athenee Hotel, a Luxury Collection Hotel, Bangkok
Lang Suan Rd.
センセーブ運河
Wittayu Rd.
ホテル・インディゴ・バンコク・ワイヤレスロード
セントレジス・バンコク
The St. Regis Bangkok
センターポイントホテル・チットロム
オール・シーズンズ・プレイス

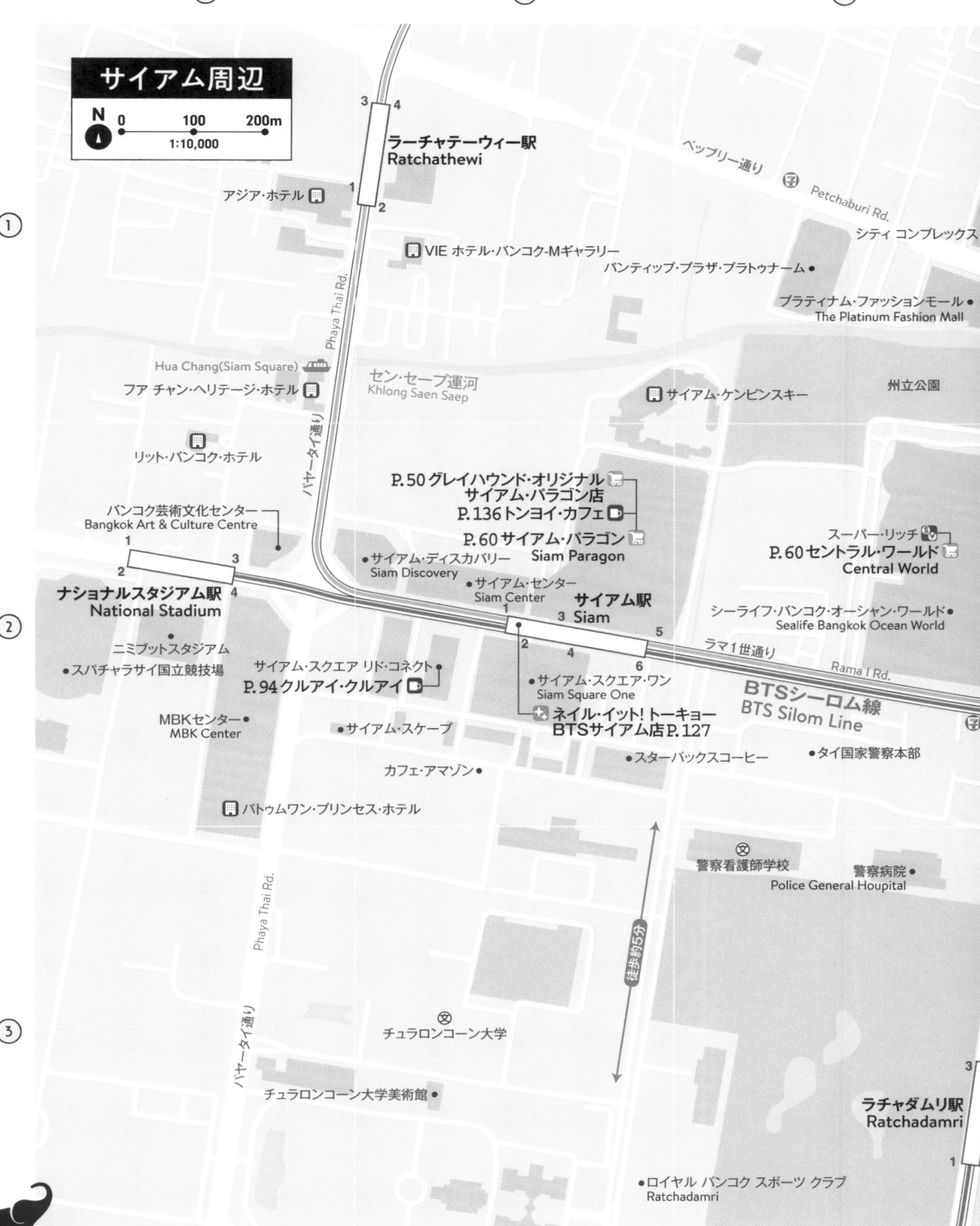

サイアム周辺
N
0
100
200m
1:10,000
ラーチャテーウィー駅
Ratchathewi
アジア・ホテル
VIE ホテル・バンコク-Mギャラリー
ペッブリー通り
Petchaburi Rd.
シティ コンプレックス
パンティップ・プラザ・プラトゥナーム
プラティナム・ファッションモール
The Platinum Fashion Mall
Phaya Thai Rd.
Hua Chang(Siam Square)
フア チャン・ヘリテージ・ホテル
セン・セープ運河
Khlong Saen Saep
サイアム・ケンピンスキー
州立公園
パヤータイ通り
リット・バンコク・ホテル
P.50 グレイハウンド・オリジナル サイアム・パラゴン店
P.136 トンヨイ・カフェ
P.60 サイアム・パラゴン
Siam Paragon
バンコク芸術文化センター
Bangkok Art & Culture Centre
スーパー・リッチ
P.60 セントラル・ワールド
Central World
サイアム・ディスカバリー
Siam Discovery
サイアム・センター
Siam Center
ナショナルスタジアム駅
National Stadium
サイアム駅
Siam
シーライフ・バンコク・オーシャン・ワールド
Sealife Bangkok Ocean World
ニミブットスタジアム
ラマ1世通り
Rama I Rd.
スパチャラサイ国立競技場
サイアム・スクエア リド・コネクト
P.94 クルアイ・クルアイ
サイアム・スクエア・ワン
Siam Square One
BTSシーロム線
BTS Silom Line
MBKセンター
MBK Center
ネイル・イット! トーキョー BTSサイアム店 P.127
サイアム・スケープ
スターバックスコーヒー
タイ国家警察本部
カフェ・アマゾン
パトゥムワン・プリンセス・ホテル
警察看護師学校
警察病院
Police General Houpital
Phaya Thai Rd.
徒歩約5分
パヤータイ通り
チュラロンコーン大学
チュラロンコーン大学美術館
ラチャダムリ駅
Ratchadamri
ロイヤル バンコク スポーツ クラブ
Ratchadamri

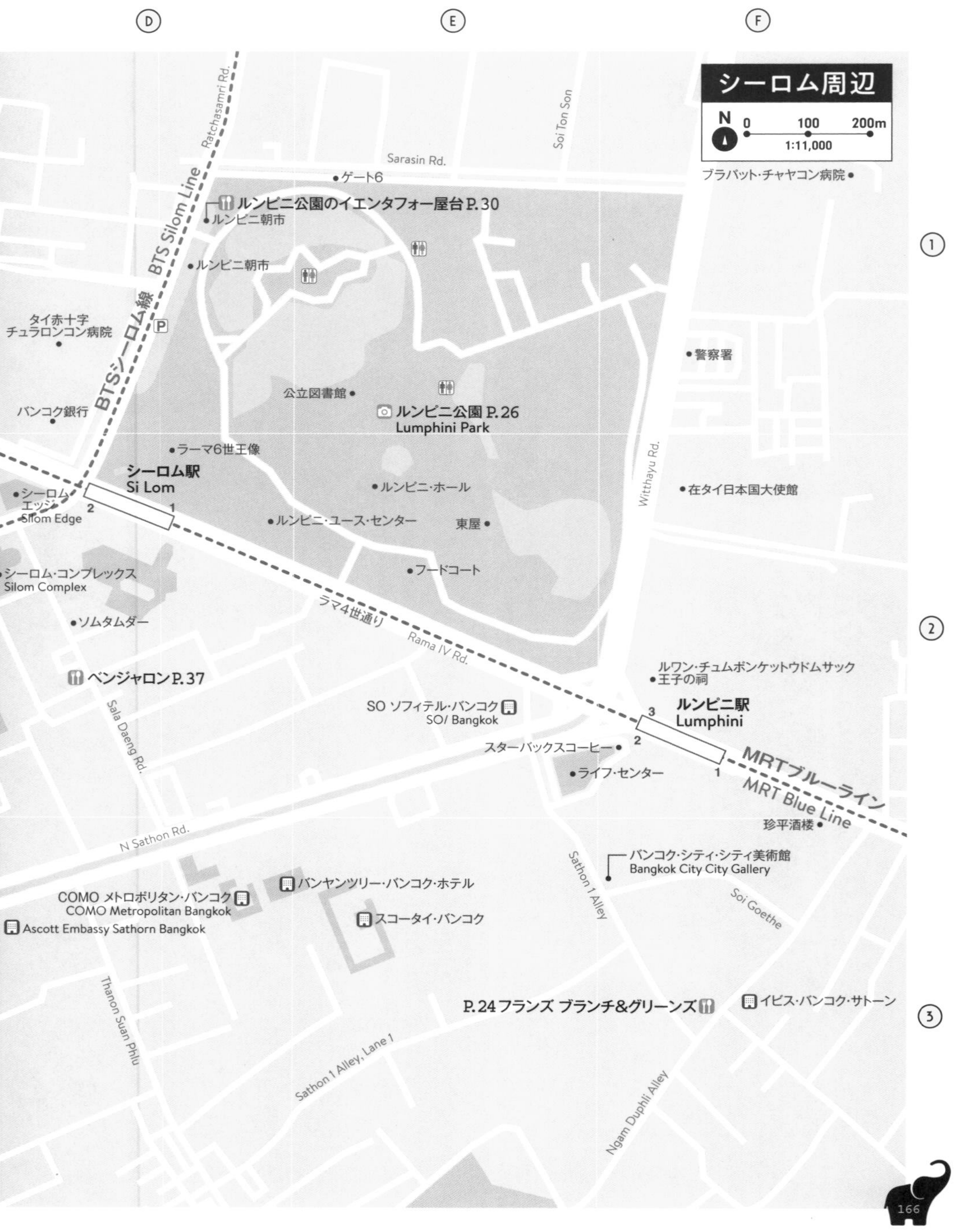

D
E
F
シーロム周辺
N 0 100 200m
1:11,000
1
2
3
Ratchasamri Rd.
Soi Ton Son
Sarasin Rd.
ゲート6
ブラパット・チャヤコン病院
ルンピニ公園のイエンタフォー屋台 P.30
ルンピニ朝市
ルンピニ朝市
BTS Silom Line
BTSシーロム線
タイ赤十字
チュラロンコン病院
警察署
公立図書館
ルンピニ公園 P.26
Lumphini Park
バンコク銀行
ラーマ6世王像
Witthayu Rd.
シーロム駅
Si Lom
ルンピニ・ホール
在タイ日本国大使館
シーロム
エッジ
Silom Edge
ルンピニ・ユース・センター
東屋
シーロム・コンプレックス
Silom Complex
フードコート
ラマ4世通り
ソムタムダー
Rama IV Rd.
ルワン・チュムポンケットウドムサック
王子の祠
ベンジャロン P.37
Sala Daeng Rd.
SO ソフィテル・バンコク
SO/ Bangkok
ルンピニ駅
Lumphini
スターバックスコーヒー
ライフ・センター
MRTブルーライン
MRT Blue Line
珍平酒楼
N Sathon Rd.
バンコク・シティ・シティ美術館
Bangkok City City Gallery
Sathon 1 Alley
バンヤンツリー・バンコク・ホテル
COMO メトロポリタン・バンコク
COMO Metropolitan Bangkok
Ascott Embassy Sathorn Bangkok
スコータイ・バンコク
Soi Goethe
Thanon Suan Phlu
P.24 フランズ ブランチ&グリーンズ
イビス・バンコク・サトーン
Sathon 1 Alley, Lane 1
Ngam Duphli Alley

A
B
C
1
2
3
ジョーク・サムヤーン P.23
ラマ4世通り
MRTブルーライン
Rama IV Rd.
MRT Blue Line
サムヤーン・ミットタウン
ソンブーン・シーフード
チャムチュリースクエア
マンダリン・ホテル
ワット・フアランポーン
サムヤーン駅
Sam Yan
Si Phraya Rd.
モンティエン・ホテル・スラウォン・バンコク
スターバックスコーヒー
ジム・トンプソン
Naret Rd.
警察署
ル・メリディアン・バンコク
Sap Rd.
クラウン・プラザ・バンコク・ルンピニ・パーク
Anantara Siam Bangkok Hotel
アマラ・バンコク・ホテル
サラデーン駅
Sala Daeng
Surawong Rd.
マンゴー・ツリー
らあめん亭
P.58 ソンブーン・シーフード スラウォン店
バンコク・クリスティアン病院
日本料理 葵
スラウォン通り
ユナイテッド センター
シーロム・セリーン・ア・ブティック・ホテル
Silom Serene A Boutique Hotel
バンコク銀行本社
プルマン・バンコク・ホテルG
スーパー・リッチ
セント・ジョセフ・コンベント校
Si Lom 3
Silom Rd.
ル・ドゥ P.116
P.118 オホ・バンコク
P.60 マハナコーン・スカイウォーク
Mahanakhon Skywalk
シーロム通り
トリニティ・モール
BNH病院
P.150 ザ・スタンダード・バンコク・マハナコーン
The Standard, Bangkok Mahanakhon
ヒンドゥー教寺院
チョンノンシー駅
Chong Nonsi
Soi Sathon 8
フン P.38
エバーグリーン・ホテル
徒歩約5分
W ホテル・バンコク
ルカ・カフェ
N Sathon Rd.
サトーン・シティタワー
イル・ボロネーゼ
Naradhiwas Rajanagarindra Rd.
セントルイス駅
Saint Louis
エンパイア・タワー
BTSシーロム線
BTS Silom Line
チョンノンシー運河公園
AIAサトーン・タワー
セントルイス病院

D
E
F
スクンビット周辺
N
0 100 200m
1:15,000
1
2
3
Soi Phrom Phak
カミリアン病院
割烹 雅
P.94,96 パトム・オーガニック・リビング
137 ピラーズ スイーツ & レジデンス P.83
137 PILLARS SUITES & RESIDENCES
クリストファーローズ&カフェ
ニコニコ・カフェ
フラットホワイト・カフェ
警察署
P.126 ネイル・ハウス・バンコク
P.95 ルーツ・アット・トンロー
P.96 ザ・コモンズ
theCOMMONS
ヴィラ マーケット
Villa Market
サミティヴェート・スクンビィット病院
徒歩約5分
ワッタナー・バーニット
ケンタッキー
グランデセンターポイント・スクンビット55 トンロー
ケイズ P.25
Thong Lo Rd.
トンロー通り
エイト トンロー
ドンキモール・トンロー
トップス・マーケット
クーン・アジアン・ザッカ P.64,69
シネマ・オアシス
Ekkamai Rd.
エカマイ通り
ナルト
ステイ・ブリッジ・スイート・バンコク
マルシェトンロー
marche' thonglor
バッコ
ビック C
スターバックスコーヒー
BTSスクンビット線
BTS Sukhumvit Line
フィフティー・フィフス・トンロー
ホテル・ニッコー・バンコク
Hotel Nikko Bangkok
ホイトート・チャウレー・トンロー P.59
メー・ワリー P.81
タリンプリン
トンロー駅
Thong Lo
ホームドゥアン・チェンマイ
バンコク・マリオットホテル・スクンビット
Bangkok Marriott Hotel Sukhumvit
サマーセット・エカマイ・バンコク
Soi Naphasap
P.142 ティチュカ
スクンビット通り
Sukhumvit Rd.
ワットタートトーン
ペッド・マーク P.59
バンコク・プラネタリウム
バンコク東バスターミナル（エカマイ）
メジャー シネプレックス
エカマイ駅
Ekkamai
スクンビット病院
オンカラ・バンコク

A
B
C
1
2
3
ナーナー駅
Nana
ハイアット・リージェンシー・バンコク
Hyatt Regency Bangkok
スクンビット通り
Sukhumvit Rd.
ピア21 P.46
リコシェット・ブティック ターミナル21店 P.50
チャ・トラ・ムー P.94
P.86 ザ・オアシス・スパ スクンビット31店
ザ・ウェスティン・グランデ・スクンビット
プルマン・バンコク・グランデ・スクムヴィット
Pullman Bangkok Grande Sukhumvit
Soi Sawadi
P.68 タイ・イセキュウ
P.60 ターミナル21
スクンビット駅
Sukhumvit
シェラトン・グランデ・スクンビット・ラグジュアリー・コレクション・ホテル・バンコク
P.146, 148 プライ・ラヤ
アソーク駅
Asok
P.122 バーン・イサーン・ムアン・ヨット
ザ・コンチネント・バンコック・バイ・コンパス・ホスピタリティ
The Continent Hotel Bangkok
Soi Sukhumvit 8
スーパー・リッチ
BTSスクンビット線
BTS Sukhumvit Line
ラディソンブルー・プラザ・ホテル
The Continent Hotel Bangkok
カールトン・ホテル・バンコク・スクンビット
Carlton Hotel Bangkok Sukhumvit
パーク・プラザ・スクンビット・バンコク
ノース P.42
S31 スクムヴィット・ホテル
セレイン
RSUタワー
スターバックスコーヒー
P.64 アーモン・ショップ
P.65 ロフティー・バンブー
レンブラント・ホテル
P.135 アット・イーズ スクンビット 33/1店
P.78 ブーツ エムクオーティエ店
エムクオーティエ P.60
P.146 トン・スミス エムクオーティエ店
ベンジャシリ公園
P.90 グルメ・マーケット エンポリウム店
エンポリウム
P.47 グルメ・イーツ
プロームポン駅
Phrom Phong
MRTブルーライン
MRT Blue Line
ベンジャキティ森林公園
P.31 ベンジャシリ公園裏の豆腐屋台
ガーディナ・アソーク
ヒルトン・スクンビット・バンコク
ダブルツリー・バイ・ヒルトン・ホテル・スクンビット・バンコク
Ratchadaphisek Rd.
P.134 ポー・タイ・マッサージ
ライブラリー・カフェ
パッタイ・ステーション
Sukhumvit 24 Alley
ベンジャキティ公園病院
クイーン・シリキット国際会議場
スクンビット・パーク・マリオット・エグゼクティブ・アパートメント
クイーンシリキットナショナルコンベンションセンター駅
Queen Sirikit National Convention Centre
クロントーイ駅
Khlong Toei
Soi Ari
ローソン
スターバックスコーヒー
スターバックスコーヒー
フローハウス
渋谷しゃぶしゃぶ
ラマ4世通り
Rama IV Rd.
マクドナルド
K ヴィレッジ
クロントーイ市場
アユタヤ銀行
ビッグC

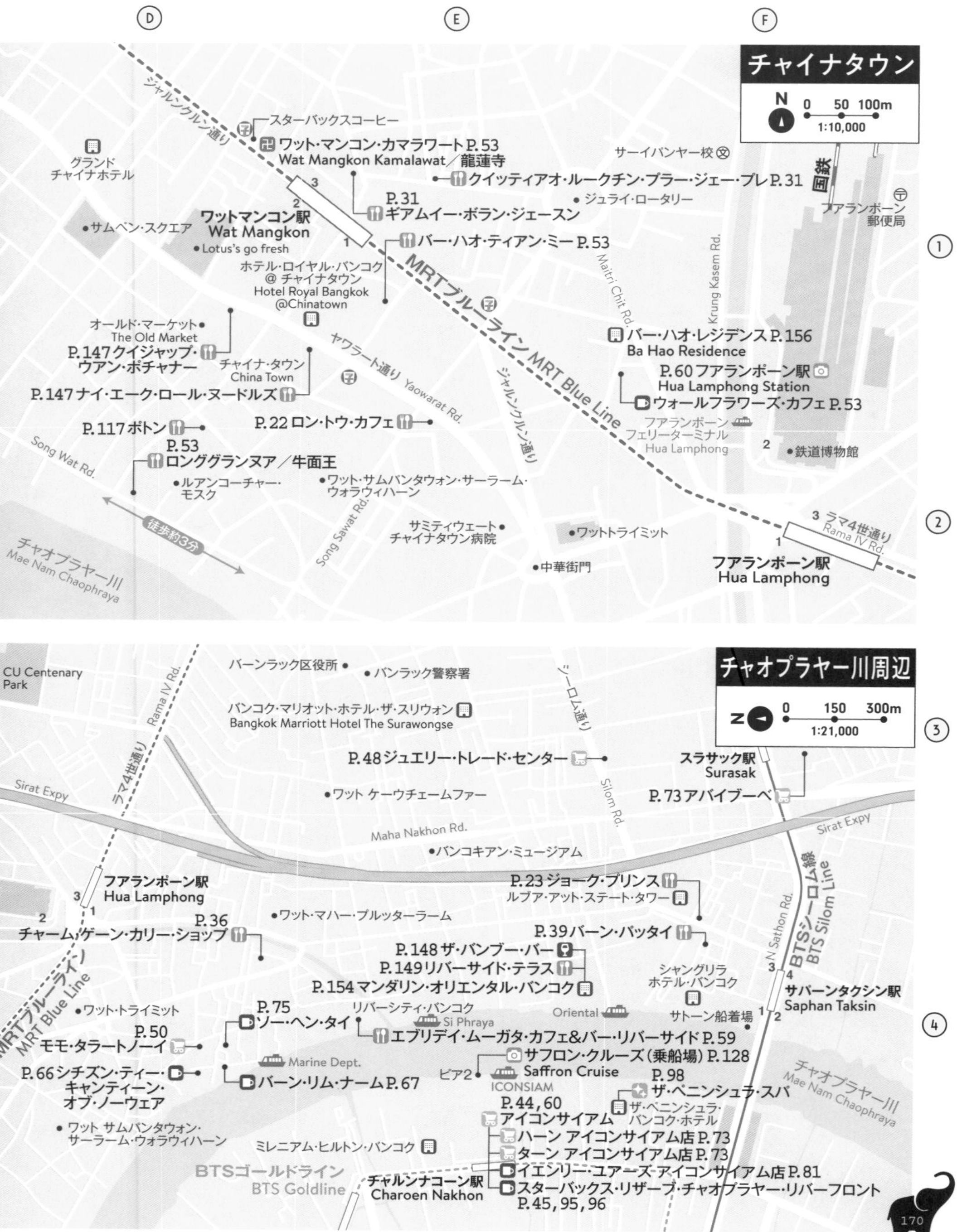

D
E
F
チャイナタウン
N 0 50 100m
1:10,000
1
2
ジャルンクルン通り
スターバックスコーヒー
ワット・マンコン・カマラワート P.53
Wat Mangkon Kamalawat／龍蓮寺
グランド
チャイナホテル
サーイパンヤー校
クイッティアオ・ルークチン・プラー・ジェー・プレ P.31
国鉄
P.31
ギアムイー・ボラン・ジェースン
ジュライ・ロータリー
フアランポーン
郵便局
ワットマンコン駅
Wat Mangkon
サムペン・スクエア
Lotus's go fresh
バー・ハオ・ティアン・ミー P.53
ホテル・ロイヤル・バンコク
@チャイナタウン
Hotel Royal Bangkok
@Chinatown
MRTブルーライン MRT Blue Line
Maitri Chit Rd.
Krung Kasem Rd.
オールド・マーケット
The Old Market
P.147 クイジャップ・
ウアン・ポチャナー
バー・ハオ・レジデンス P.156
Ba Hao Residence
ヤワラート通り Yaowarat Rd.
チャイナ・タウン
China Town
P.60 フアランポーン駅
Hua Lamphong Station
P.147 ナイ・エーク・ロール・ヌードルズ
ウォールフラワーズ・カフェ P.53
P.117 ボトン
P.22 ロン・トウ・カフェ
フアランポーン
フェリーターミナル
Hua Lamphong
鉄道博物館
Song Wat Rd.
P.53
ロンググランヌア／牛面王
ルアンコーチャー・
モスク
ワット・サムパンタウォン・サーラーム・
ウォラウィハーン
Song Sawat Rd.
徒歩約3分
サミティウェート
チャイナタウン病院
ワットトライミット
ラマ4世通り
Rama IV Rd.
チャオプラヤー川
Mae Nam Chaophraya
中華街門
フアランポーン駅
Hua Lamphong
チャオプラヤー川周辺
0 150 300m
1:21,000
3
4
CU Centenary
Park
バーンラック区役所
バンラック警察署
Rama IV Rd.
シーロム通り
バンコク・マリオット・ホテル・ザ・スリウォン
Bangkok Marriott Hotel The Surawongse
ラマ4世通り
P.48 ジュエリー・トレード・センター
スラサック駅
Surasak
Sirat Expy
ワット ケーウチェームファー
Silom Rd.
P.73 アバイブーベ
Maha Nakhon Rd.
バンコキアン・ミュージアム
フアランポーン駅
Hua Lamphong
P.23 ジョーク・プリンス
ルブア・アット・ステート・タワー
BTSシーロム線
BTS Silom Line
N Sathon Rd.
ワット・マハー・プルッターラーム
P.36
チャーム・ゲーン・カリー・ショップ
P.39 バーン・パッタイ
P.148 ザ・バンブー・バー
P.149 リバーサイド・テラス
P.154 マンダリン・オリエンタル・バンコク
シャングリラ
ホテル・バンコク
サパーンタクシン駅
Saphan Taksin
MRTブルーライン
MRT Blue Line
ワット・トライミット
P.75
ソー・ヘン・タイ
リバーシティ・バンコク
Si Phraya
Oriental
サトーン船着場
P.50
モモ・タラートノーイ
エブリデイ・ムーガタ・カフェ&バー・リバーサイド P.59
サフロン・クルーズ（乗船場）P.128
Saffron Cruise
Marine Dept.
ピア2
P.66 シチズン・ティー・
キャンティーン・
オブ・ノーウェア
バーン・リム・ナーム P.67
ICONSIAM
P.98
ザ・ペニンシュラ・スパ
ザ・ペニンシュラ・
バンコク・ホテル
チャオプラヤー川
Mae Nam Chaophraya
P.44, 60
アイコンサイアム
ワット サムパンタウォン・
サーラーム・ウォラウィハーン
ハーン アイコンサイアム店 P.73
ターン アイコンサイアム店 P.73
ミレニアム・ヒルトン・バンコク
BTSゴールドライン
BTS Goldline
イエンリー・ユアーズ アイコンサイアム店 P.81
チャルンナコーン駅
Charoen Nakhon
スターバックス・リザーブ・チャオプラヤー・リバーフロント
P.45, 95, 96

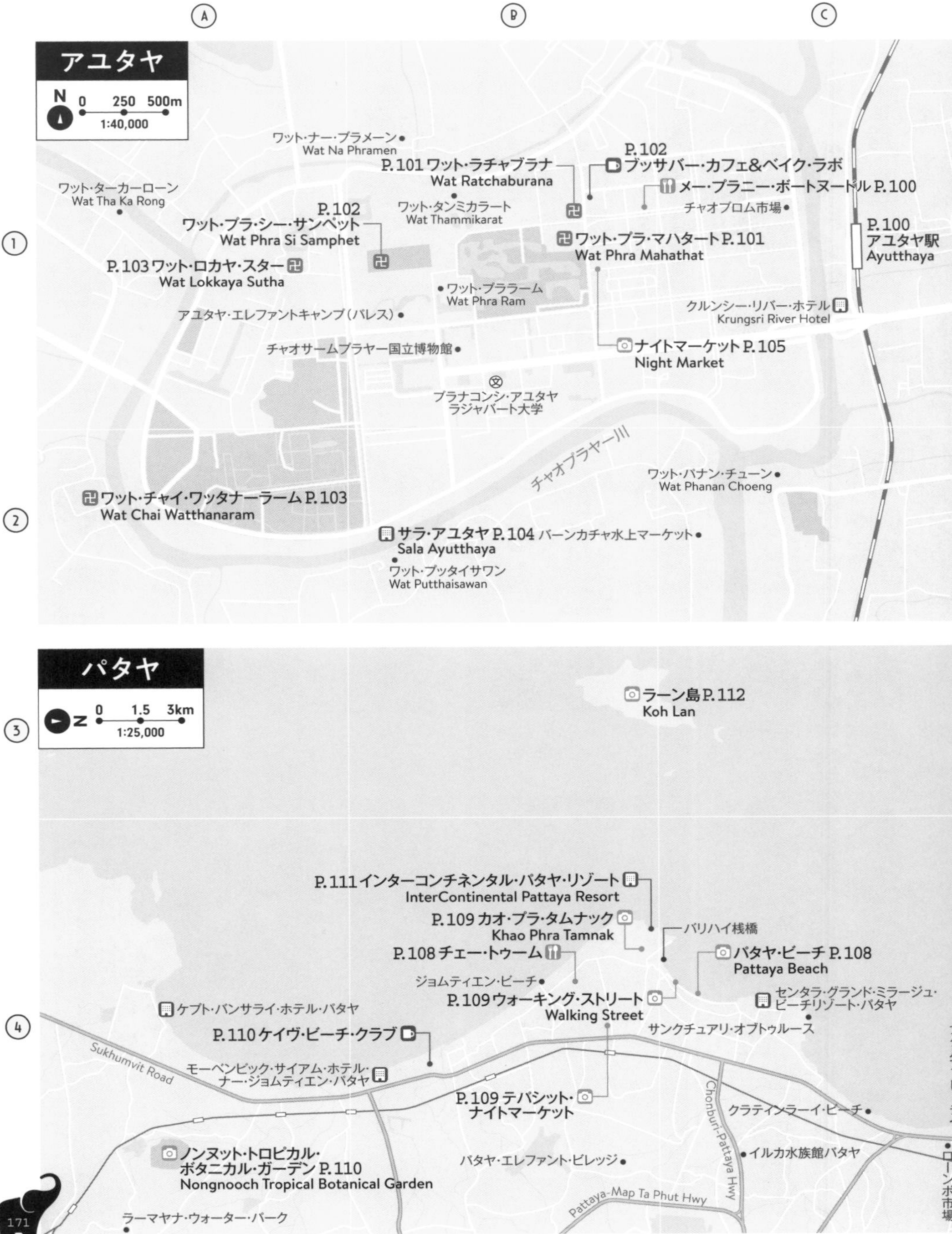
A
B
C
1
2
3
4
アユタヤ
N
0 250 500m
1:40,000
ワット・ナー・プラメーン
Wat Na Phramen
P.101 ワット・ラチャブラナ
Wat Ratchaburana
P.102
ブッサバー・カフェ&ベイク・ラボ
メー・プラニー・ボートヌードル P.100
ワット・ターカーローン
Wat Tha Ka Rong
ワット・タンミカラート
Wat Thammikarat
チャオプロム市場
P.102
ワット・プラ・シー・サンペット
Wat Phra Si Samphet
ワット・プラ・マハタート P.101
Wat Phra Mahathat
P.100
アユタヤ駅
Ayutthaya
P.103 ワット・ロカヤ・スター
Wat Lokkaya Sutha
ワット・プララーム
Wat Phra Ram
クルンシー・リバー・ホテル
Krungsri River Hotel
アユタヤ・エレファントキャンプ(パレス)
チャオサームプラヤー国立博物館
ナイトマーケット P.105
Night Market
プラナコンシ・アユタヤ
ラジャパート大学
チャオプラヤー川
ワット・パナン・チューン
Wat Phanan Choeng
ワット・チャイ・ワッタナーラーム P.103
Wat Chai Watthanaram
サラ・アユタヤ P.104
Sala Ayutthaya
バーンカチャ水上マーケット
ワット・プッタイサワン
Wat Putthaisawan
パタヤ
N
0 1.5 3km
1:25,000
ラーン島 P.112
Koh Lan
P.111 インターコンチネンタル・パタヤ・リゾート
InterContinental Pattaya Resort
P.109 カオ・プラ・タムナック
Khao Phra Tamnak
バリハイ桟橋
P.108 チェー・トゥーム
パタヤ・ビーチ P.108
Pattaya Beach
ジョムティエン・ビーチ
P.109 ウォーキング・ストリート
Walking Street
センタラ・グランド・ミラージュ・
ビーチリゾート・パタヤ
ケプト・バンサライ・ホテル・パタヤ
サンクチュアリ・オブトゥルース
ナクルア・ビーチ
P.110 ケイヴ・ビーチ・クラブ
Sukhumvit Road
モーベンピック・サイアム・ホテル・
ナー・ジョムティエン・パタヤ
P.109 テパシット・
ナイトマーケット
Chonburi-Pattaya Hwy
クラティンラーイ・ビーチ
ノンヌット・トロピカル・
ボタニカル・ガーデン P.110
Nongnooch Tropical Botanical Garden
パタヤ・エレファント・ビレッジ
イルカ水族館パタヤ
ラーンポ市場
Pattaya-Map Ta Phut Hwy
ラーマヤナ・ウォーター・パーク

#目が合うとニッコリ
#微笑みの国タイランド

#古い街並みにも映えスポットがたくさん　#タラートノーイ

#食べるのを躊躇するかわいさ
#ザ・ジンジャーブレッド・ハウス

#魚や鳥を放して徳を積む
#タンブン　#ワット・パークナム

#ハンサムな敏腕3代目オーナー
#しかも優しい　#チェン・シム・イ

#壁全面がまるでジュエリー
#金運上昇しそう!?　#ワット・アルン

#ワット・サケット
#階段が300段で4ぬ　#でも絶景

#街角で占い　#ベリーグッド！連発
#気分爆上がり

#バンコクの新旧
#ポトンのテラスから

#トゥクトゥクライドは必須
#タイらしい風景なら王宮エリア

#K-POP好きな姉妹　#ハンサ カフェ
#ハイトーンの髪がタイでも流行

#芸術的　#お供え物の花飾り
#ジャスミンの香りが心地いい

#オンアーン運河沿いをぶらり散歩
#壁画アートが見応え◎

#ワイ(合掌)　#上手にできたね
#かわいすぎて悶絶

#No.1スイーツ　#シャキシャキ食感
#タプティム・クローブ

#インフィニティプール
#ホテル・モントラ・パタヤ

#屋台のソムタムをテイクアウトしたらこうなった　#袋

#旧市街　#バムルンムアン通り
#仏具店がずらーっとある

24H BANGKOK guide INDEX

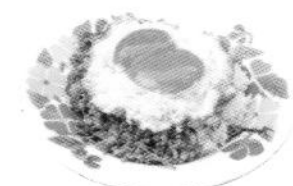

バンコク

アユタヤ

パタヤ

lamar ラマル

旅がライフワークのエディター 若宮早希と、タイを愛しすぎているライター 中西彩乃によるユニット。陰キャと陽キャの妙に気が合う凸凹コンビで"東南アジアの秘島ふたり旅"を始めて早15年。たまにバンコクという大都会に出てきては、グルメ＆買い物＆ホテルで豪遊。ユニット名のlamarはスペイン語の「海」(la mar)が由来(いや、そのまんま！)。

バンコクガイド 24じかん

24H Bangkok guide

2023年8月30日 第1刷発行
2024年5月30日 第2刷発行

著　者　lamar（ラマル）
編　著　朝日新聞出版
発行者　片桐圭子
発行所　朝日新聞出版
〒104-8011　東京都中央区築地5－3－2
（お問い合わせ）
infojitsuyo@asahi.com
印刷所　大日本印刷株式会社

Published in Japan by Asahi Shimbun Publications Inc.
ISBN　978-4-02-334745-8

撮影　松井聡美　若宮早希
取材協力　平原千波
写真協力　タイ国政府観光庁
表紙デザイン　iroiroinc.（佐藤ジョウタ）
本文デザイン　iroiroinc.（佐藤ジョウタ、渡部サヤカ）
イラスト　宮嵜蘭（P.7）　Norio（P.97-112）
若宮早希（P.53,55,57）
マップ　s-map
企画・編集　朝日新聞出版 生活・文化編集部（白方美樹）

定価はカバーに表示してあります。
落丁・乱丁の場合は弊社業務部（電話03-5540-7800）へご連絡ください。
送料弊社負担にてお取り替えいたします。